I0492014

Ivan Koesjnir

Economie van Liechtenstein

Serie "Economie in landen"

eerst gepubliceerd: 2021
laatst bijgewerkt: 2021-02-02

Ivan Koesjnir. Economie van Liechtenstein. Serie "Economie in landen". - 2021. - 68 pages.

Dit boek over de economie van Liechtenstein van de jaren 1970 tot de jaren 2010. Brongegevens uit UN Data.

Grootte. In de jaren 2010 was het bruto binnenlands product van Liechtenstein gelijk aan US$6,4 miljard per jaar; de waarde van de landbouw was US$7,8 miljoen; de waarde van de industrie was US$2,5 miljard. Aangezien het aandeel in de wereld minder dan 0,01% bedraagt, wordt het land geclassificeerd als een zeer kleine economie.

Productiviteit. In de jaren 2010 bedroeg het bruto binnenlands product per hoofd van de bevolking $171.194,4, de waarde van de landbouw per hoofd $208,8, de waarde van de industrie per hoofd $66.252,7. Omdat de productiviteit hoger is dan het gemiddelde, wordt de economie geclassificeerd als hoog ontwikkeld.

Groei. In de jaren 2010 bedroeg de groei van het bruto binnenlands product 2,2%; de groei van de landbouw was 2,3%; de groei van de industrie was 1,9%.

Structuur. In de jaren 2010 omvatte de economie van Liechtenstein: diensten (45,9%), industrie (40,1%), handel (6,5%), bouw (3,9%), vervoer (3,4%) en landbouw (0,13%).

Uitvoer en invoer. In de jaren 2010 was de uitvoer 20,7% hoger dan de invoer, de netto-uitvoer was gelijk aan 11,3% van het BBP.

Consumptie en reproductie. De houding van reproductie ten opzichte van de consumptie is niet beter dan het mondiale gemiddelde, dus het aandeel van het BBP in de wereld zal niet toenemen.

Serie "Economie in landen": parallel.page.link/nl

ISBN: 9798701886849

Inhoud

Part I. Grootte

	de jaren 2010
BBP	US$6,4 miljard
Het aandeel in de wereld	0,0082%
Het aandeel in Europa	0,030%
Het aandeel in West-Europa	0,071%

Hoofdstuk I. Bruto binnenlands product

Het BBP van Liechtenstein steeg van US$298,1 miljoen per jaar in de jaren 1970 tot US$6,4 miljard per jaar in de jaren 2010, dat wil zeggen met US$6,1 miljard of 21,4 keer. De verandering vond plaats op US$5,3 miljard als gevolg van een 6,2-voudige stijging van de prijzen, en ook op US$553,1 miljoen als gevolg van een 2,2-voudige toename van de productiviteit , evenals op US$177,8 miljoen als gevolg van de toename van de bevolking. De gemiddelde jaarlijkse groei van het BBP is 3,0%. De minimumwaarde van het BBP bedroeg US$110,6 miljoen in 1970. De maximumwaarde van het BBP bedroeg US$6,8 miljard in 2018.

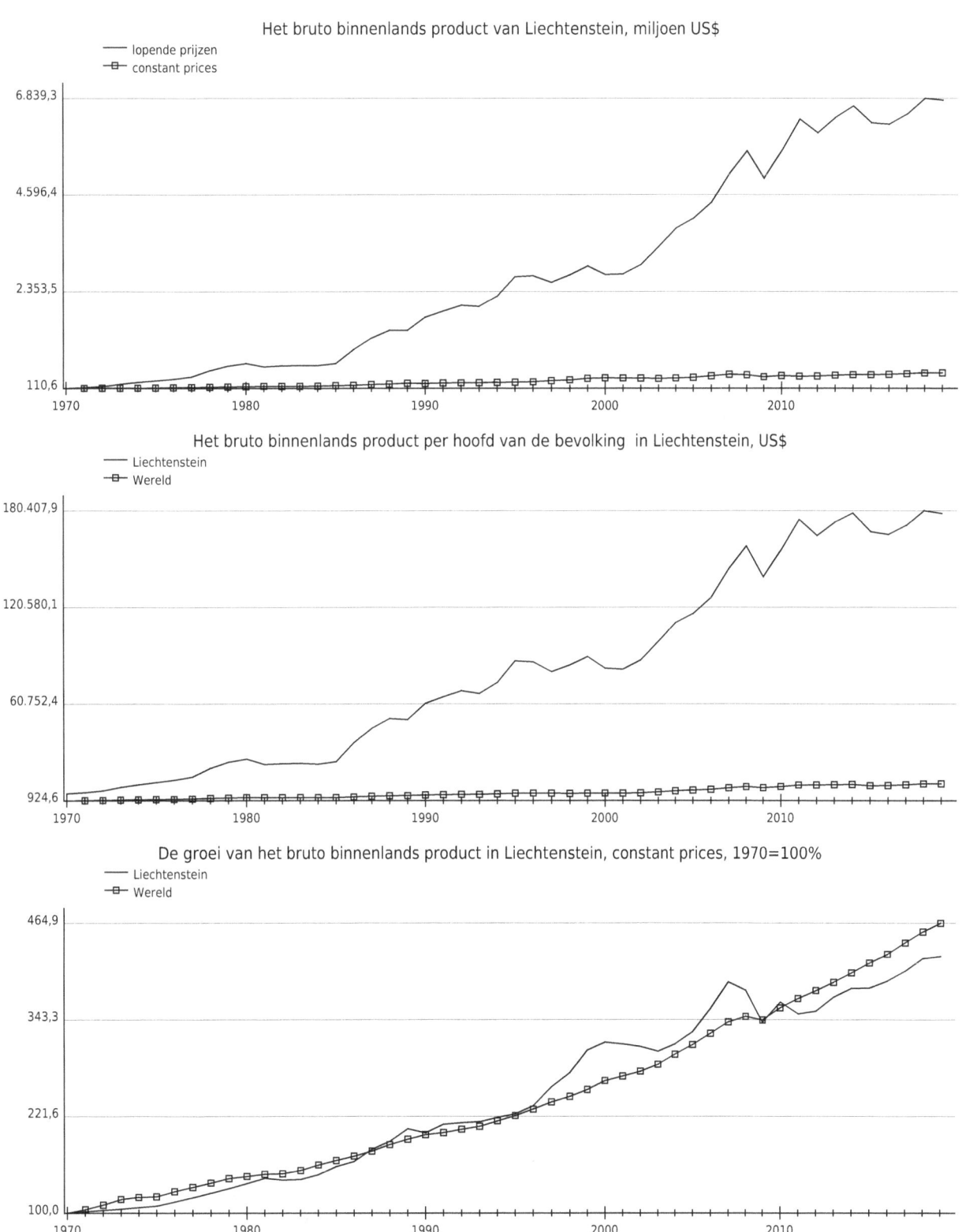

Het bruto binnenlands product van Liechtenstein, miljoen US$

Het bruto binnenlands product per hoofd van de bevolking in Liechtenstein, US$

De groei van het bruto binnenlands product in Liechtenstein, constant prices, 1970=100%

de jaren 1970

Het bruto binnenlands product van Liechtenstein bedroeg in de jaren 1970 US$298,1 miljoen per jaar, stond op de 147e plaats in de wereld. Het aandeel in de wereld was 0,0046%, en 0,011% in Europa.

Het BBP van Liechtenstein bestond uit: huishoudelijke uitgaven (60,0%), kapitaalvorming (29,3%), overheidsuitgaven (9,8%) en netto-uitvoer (3,1%).

Het bruto binnenlands product per hoofd in Liechtenstein was $12.796,1 in de jaren 1970s, stond op de 4e plaats in de wereld. Het bruto binnenlands product per hoofd in Liechtenstein was in 7,9 keer hoger dan het bruto binnenlands product per hoofd van de bevolking in de wereld ($1.620,8), en was in 3,5 keer hoger dan het bruto binnenlands product per hoofd van de bevolking in Europa ($1.620,8).

De groei van het BBP in Liechtenstein bedroeg 3% in de jaren 1970, stond op de 132e plaats in de wereld, en was vergelijkbaar met Zuid-Afrika (3,0%), Oost-Afrika (3,0%), Guinee-Bissau (3,0%). De groei van het bruto binnenlands product in Liechtenstein (3,0%) was minder dan de groei van het BBP in de wereld (4,1%), was minder dan de groei van het bruto binnenlands product in Europa (3,6%).

Vergelijking met buren. Het BBP van Liechtenstein was minder dan in Zwitserland (US$60,5 miljard) en in Oostenrijk (US$39,1 miljard). Het BBP per hoofd in Liechtenstein was groter dan in Zwitserland (US$9,6 duizend) en in Oostenrijk (US$5,1 duizend). De groei van het BBP in Liechtenstein was groter dan in Zwitserland (0,88%); maar minder dan in Oostenrijk (3,8%).

Vergelijking met leiders. Het bruto binnenlands product van Liechtenstein was minder dan in de Verenigde Staten (US$1,7 biljoen), in de Sovjet-Unie (US$649,4 miljard), in Japan (US$558,0 miljard), in Duitsland (US$484,2 miljard) en in Frankrijk (US$333,2 miljard). Het BBP per hoofd in Liechtenstein was groter dan in de Verenigde Staten (US$7,8 duizend), in Frankrijk (US$6,2 duizend), in Duitsland (US$6,1 duizend), in Japan (US$5,0 duizend) en in de Sovjet-Unie (US$2,6 duizend). De groei van het BBP in Liechtenstein was minder dan in de Sovjet-Unie (4,8%), in Japan (4,6%), in Frankrijk (3,9%), in de Verenigde Staten (3,5%) en in Duitsland (3,1%).

de jaren 1980

Het bruto binnenlands product van Liechtenstein bedroeg in de jaren 1980 US$905,8 miljoen per jaar, stond op de 144e plaats in de wereld, en was vergelijkbaar met Gambia (US$912,4 miljoen). Het aandeel in de wereld was 0,0060%, en 0,017% in Europa.

Het BBP van Liechtenstein bestond uit: huishoudelijke uitgaven (59,5%), kapitaalvorming (29,7%), overheidsuitgaven (10,8%) en netto-uitvoer (1,1%).

Het bruto binnenlands product per hoofd in Liechtenstein was $33.334,9 in de jaren 1980s, stond op de 2e plaats in de wereld. Het BBP per hoofd in Liechtenstein was in 10,7 keer hoger dan het bruto binnenlands product per hoofd van de bevolking in de wereld ($3.123,4), en was in 4,7 keer hoger dan het bruto binnenlands product per hoofd van de bevolking in Europa ($3.123,4).

De groei van het bruto binnenlands product in Liechtenstein bedroeg 4.6% in de jaren 1980, stond op de 41e plaats in de wereld, en was vergelijkbaar met Polynesië (4,6%), Vietnam (4,7%). De groei van het bruto binnenlands product in Liechtenstein (4,6%) was groter dan de groei van het BBP in de wereld (3,0%), was groter dan de groei van het BBP in Europa (2,5%).

Vergelijking met buren. Het bruto binnenlands product van Liechtenstein was minder dan in Zwitserland (US$142,4 miljard) en in Oostenrijk (US$92,3 miljard). Het bruto binnenlands product per hoofd in Liechtenstein was groter dan in Zwitserland (US$22,2 duizend) en in Oostenrijk (US$12,1 duizend). De groei van het BBP in Liechtenstein was groter dan in Zwitserland (2,3%) en in Oostenrijk (2,0%).

Vergelijking met leiders. Het bruto binnenlands product van Liechtenstein was minder dan in de Verenigde Staten (US$4,2 biljoen), in Japan (US$1,8 biljoen), in Duitsland (US$990,0 miljard), in de Sovjet-Unie (US$887,0 miljard) en in Frankrijk (US$729,5 miljard). Het bruto binnenlands product per hoofd in Liechtenstein was groter dan in de Verenigde Staten (US$17,4 duizend), in Japan (US$15,0 duizend), in Frankrijk (US$12,9 duizend), in Duitsland (US$12,7 duizend) en in de Sovjet-Unie (US$3,2 duizend). De groei van het bruto binnenlands product in Liechtenstein was groter dan in de Sovjet-Unie (4,3%), in Japan (4,3%), in de Verenigde Staten (3,1%), in Frankrijk (2,3%) en in Duitsland (1,9%).

de jaren 1990

Het bruto binnenlands product van Liechtenstein bedroeg in de jaren 1990 US$2,4 miljard per jaar, stond op de 147e plaats in de wereld, en was vergelijkbaar met Barbados (US$2,4 miljard). Het aandeel in de wereld was 0,0083%, en 0,024% in Europa.

Het bruto binnenlands product van Liechtenstein bestond uit: huishoudelijke uitgaven (57,3%), kapitaalvorming (27,4%), overheidsuitgaven (11,8%) en netto-uitvoer (3,6%).

Het bruto binnenlands product per hoofd in Liechtenstein was $76.895,0 in de jaren 1990s, stond op de 2e plaats in de wereld. Het BBP per hoofd in Liechtenstein was in 15,3 keer hoger dan het bruto binnenlands product per hoofd van de bevolking in de wereld ($5.020,1), en was in 5,7 keer hoger dan het bruto binnenlands product per hoofd van de bevolking in Europa ($5.020,1).

De groei van het BBP in Liechtenstein bedroeg 4% in de jaren 1990, stond op de 70e plaats in de wereld, en was vergelijkbaar met Saint Kitts en Nevis (4,0%), Bolivia (4,0%). De groei van het bruto binnenlands product in Liechtenstein (4,0%) was groter dan de groei van het BBP in de wereld (2,8%), was groter dan de groei van het bruto binnenlands product in Europa (1,4%).

Vergelijking met buren. Het BBP van Liechtenstein was minder dan in Zwitserland (US$293,9 miljard) en in Oostenrijk (US$205,6 miljard). Het BBP per hoofd in Liechtenstein was groter dan in Zwitserland (US$42,4 duizend) en in Oostenrijk (US$25,9 duizend). De groei van het bruto binnenlands product in Liechtenstein was groter dan in Oostenrijk (2,7%) en in Zwitserland (1,2%).

Vergelijking met leiders. Het BBP van Liechtenstein was minder dan in de Verenigde Staten (US$7,6 biljoen), in Japan (US$4,3 biljoen), in Duitsland (US$2,2 biljoen), in Frankrijk (US$1,4 biljoen) en in het Verenigd Koninkrijk (US$1,3 biljoen). Het BBP per hoofd in Liechtenstein was groter dan in Japan (US$34,3 duizend), in de Verenigde Staten (US$28,7 duizend), in Duitsland (US$27,0 duizend), in Frankrijk (US$24,1 duizend) en in het Verenigd Koninkrijk (US$22,9 duizend). De groei van het bruto binnenlands product in Liechtenstein was groter dan in de Verenigde Staten (3,2%), in het Verenigd Koninkrijk (2,3%), in Duitsland (2,2%), in Frankrijk (2,0%) en in Japan (1,5%).

de jaren 2000

Het BBP van Liechtenstein bedroeg in de jaren 2000 US$4,0 miljard per jaar, stond op de 149e plaats in de wereld, en was vergelijkbaar met Malawi (US$4,0 miljard). Het aandeel in de wereld was 0,0085%, en 0,026% in Europa.

Het BBP van Liechtenstein bestond uit: huishoudelijke uitgaven (54,8%), kapitaalvorming (26,3%), overheidsuitgaven (11,0%) en netto-uitvoer (7,9%).

Het bruto binnenlands product per hoofd in Liechtenstein was $115.407,7 in de jaren 2000s, stond op de 2e plaats in de wereld. Het BBP per hoofd in Liechtenstein was in 16,1 keer hoger dan het bruto binnenlands product per hoofd van de bevolking in de wereld ($7.176,3), en was in 5,5 keer hoger dan het bruto binnenlands product per hoofd van de bevolking in Europa ($7.176,3).

De groei van het BBP in Liechtenstein bedroeg 1.1% in de jaren 2000, stond op de 187e plaats in de wereld, en was vergelijkbaar met Fiji (1,1%). De groei van het bruto binnenlands product in Liechtenstein (1,1%) was minder dan de groei van het BBP in de wereld (3,0%), was minder dan de groei van het BBP in Europa (1,8%).

Vergelijking met buren. Het BBP van Liechtenstein was minder dan in Zwitserland (US$413,2 miljard) en in Oostenrijk (US$304,1 miljard). Het BBP per hoofd in Liechtenstein was groter dan in Zwitserland (US$56,0 duizend) en in Oostenrijk (US$37,0 duizend). De groei van het BBP in Liechtenstein was minder dan in Zwitserland (2,0%) en in Oostenrijk (1,7%).

Vergelijking met leiders. Het BBP van Liechtenstein was minder dan in de Verenigde Staten (US$12,6 biljoen), in Japan (US$4,7 biljoen), in Duitsland (US$2,8 biljoen), in China (US$2,6 biljoen) en in het Verenigd Koninkrijk (US$2,3 biljoen). Het bruto binnenlands product per hoofd in Liechtenstein was groter dan in de Verenigde Staten (US$42,8 duizend), in het Verenigd Koninkrijk (US$38,4 duizend), in Japan (US$36,4 duizend), in Duitsland (US$34,0 duizend) en in China (US$1.954,1). De groei van het bruto binnenlands product in Liechtenstein was groter dan in Duitsland (0,73%) en in Japan (0,50%); maar minder dan in China (10,3%), in de Verenigde Staten (1,9%) en in het Verenigd Koninkrijk (1,7%).

de jaren 2010

Het BBP van Liechtenstein bedroeg in de jaren 2010 US$6,4 miljard per jaar, stond op de 157e plaats in de wereld, en was vergelijkbaar met Monaco (US$6,5 miljard). Het aandeel in de wereld was 0,0082%, en 0,030% in Europa.

Het BBP van Liechtenstein bestond uit: huishoudelijke uitgaven (52,3%), kapitaalvorming (25,2%), overheidsuitgaven (11,2%) en netto-uitvoer (11,3%).

Het BBP per hoofd in Liechtenstein was $171.194,4 in de jaren 2010s, stond op de 2e plaats in de wereld, en was vergelijkbaar met Monaco (US$172,6 duizend). Het bruto binnenlands product per hoofd in Liechtenstein was in 16,1 keer hoger dan het bruto binnenlands product per hoofd van de bevolking in de wereld ($10.603,1), en was in 6,1 keer hoger dan het bruto binnenlands product per hoofd van de bevolking in Europa ($10.603,1).

De groei van het bruto binnenlands product in Liechtenstein bedroeg 2.2% in de jaren 2010, stond op de 139e plaats in de wereld, en was vergelijkbaar met Canada (2,2%). De groei van het BBP in Liechtenstein (2,2%) was minder dan de groei van het BBP in de wereld (3,1%), was groter dan de groei van het BBP in Europa (1,6%).

Vergelijking met buren. Het BBP van Liechtenstein was 110,5 keer minder dan in Zwitserland (US$703,4 miljard) en 66,0 keer minder dan in Oostenrijk (US$419,9 miljard). Het BBP per hoofd in Liechtenstein was 2,0 keer groter dan in Zwitserland (US$85,5 duizend) en 3,5 keer groter dan in Oostenrijk (US$48,5 duizend). De groei van het bruto binnenlands product in Liechtenstein was groter dan in Zwitserland (2,0%) en in Oostenrijk (1,5%).

Vergelijking met leiders. Het bruto binnenlands product van Liechtenstein was 2.821,0 keer minder dan in de Verenigde Staten (US$18,0 biljoen), 1.650,1 keer minder dan in China (US$10,5 biljoen), 821,2 keer minder dan in Japan (US$5,2 biljoen), 575,1 keer minder dan in Duitsland (US$3,7 biljoen) en 434,5 keer minder dan in het Verenigd Koninkrijk (US$2,8 biljoen). Het bruto binnenlands product per hoofd in Liechtenstein was 3,0 keer groter dan in de Verenigde Staten (US$56,2 duizend), 3,8 keer groter dan in Duitsland (US$44,7 duizend), 4,1 keer groter dan in het Verenigd Koninkrijk (US$42,2 duizend), 4,2 keer groter dan in Japan (US$40,9 duizend) en 22,9 keer groter dan in China (US$7,5 duizend). De groei van het BBP in Liechtenstein was groter dan in Duitsland (1,9%), in het Verenigd Koninkrijk (1,8%) en in Japan (1,3%); maar minder dan in China (7,7%) en in de Verenigde Staten (2,3%).

Hoofdstuk II. Toegevoegde waarde

De toegevoegde waarde van Liechtenstein steeg van US$278,4 miljoen per jaar in de jaren 1970 tot US$6,1 miljard per jaar in de jaren 2010, dat wil zeggen met US$5,9 miljard of 22,1 keer. De verandering vond plaats op US$5,2 miljard als gevolg van een 6,2-voudige stijging van de prijzen, en ook op US$548,3 miljoen als gevolg van een 2,2-voudige toename van de productiviteit , evenals op US$166,1 miljoen als gevolg van de toename van de bevolking. De gemiddelde jaarlijkse groei van de toegevoegde waarde is 3,0%. De minimumwaarde van de toegevoegde waarde bedroeg US$103,3 miljoen in 1970. De maximumwaarde van de toegevoegde waarde bedroeg US$6,6 miljard in 2018.

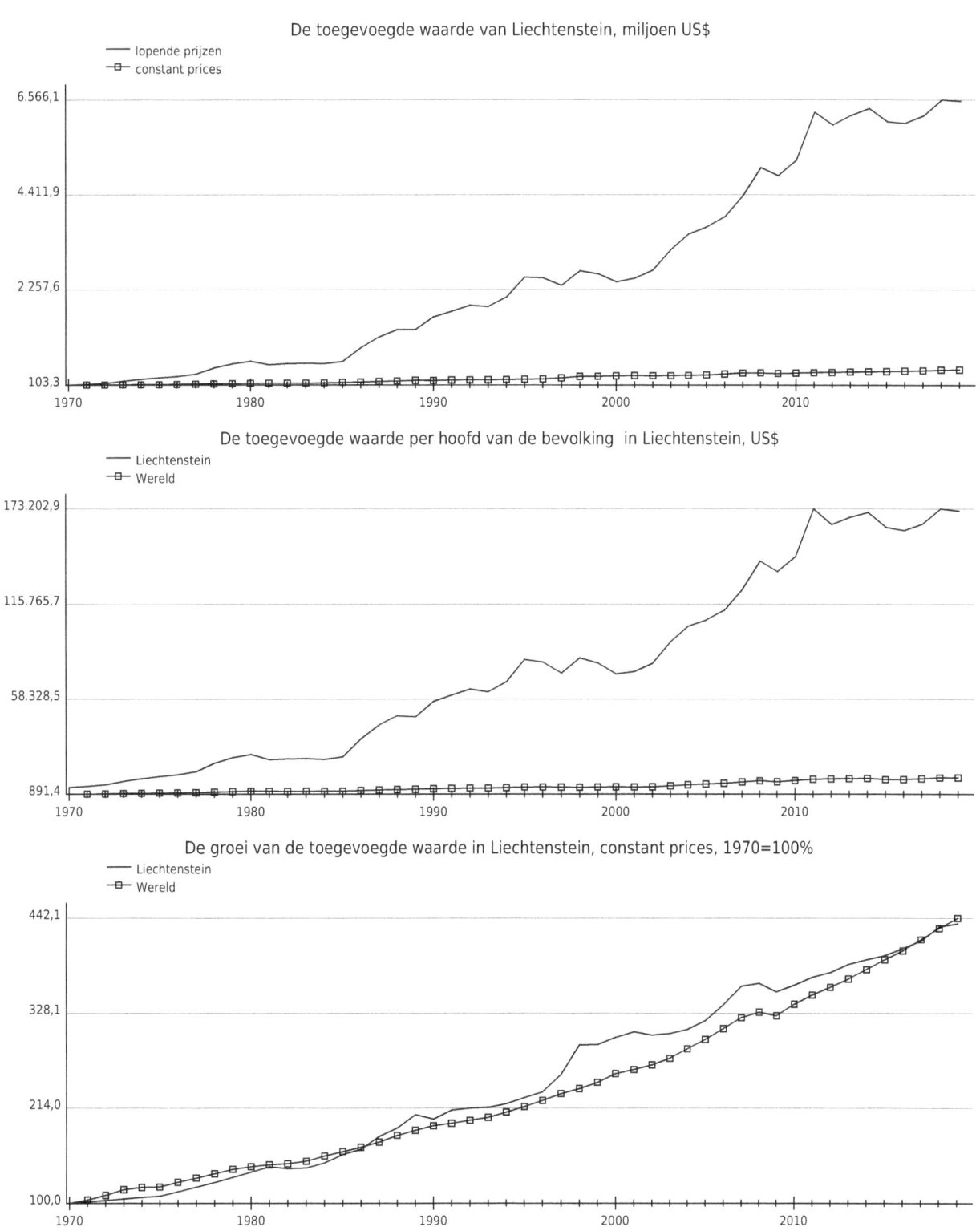

De toegevoegde waarde van Liechtenstein, miljoen US$

De toegevoegde waarde per hoofd van de bevolking in Liechtenstein, US$

De groei van de toegevoegde waarde in Liechtenstein, constant prices, 1970=100%

de jaren 1970

De toegevoegde waarde van Liechtenstein bedroeg in de jaren 1970 US$278,4 miljoen per jaar, stond op de 147e plaats in de wereld, en was vergelijkbaar met Mongolië (US$284,4 miljoen). Het aandeel in de wereld was 0,0044%, en 0,011% in Europa.

De totale toegevoegde waarde van Liechtenstein bestond uit: diensten (36,0%), industrie (26,6%), handel (18,2%), transport (9,1%), constructie (7,8%) en landbouw (2,4%).

De toegevoegde waarde per hoofd in Liechtenstein was $11.952,1 in de jaren 1970s, stond op de 4e plaats in de wereld. De toegevoegde waarde per hoofd in Liechtenstein was in 7,6 keer hoger dan de toegevoegde waarde per hoofd van de bevolking in de wereld ($1.564,4), en was in 3,4 keer hoger dan de toegevoegde waarde per hoofd van de bevolking in Europa ($1.564,4).

De groei van de toegevoegde waarde in Liechtenstein bedroeg 3% in de jaren 1970, stond op de 131e plaats in de wereld, en was vergelijkbaar met Togo (3,0%), Zuid-Azië (3,0%), Oost-Afrika (3,1%). De groei van de toegevoegde waarde in Liechtenstein (3,0%) was minder dan de groei van de toegevoegde waarde in de wereld (3,9%), was minder dan de groei van de toegevoegde waarde in Europa (3,4%).

Vergelijking met buren. De toegevoegde waarde van Liechtenstein was minder dan in Zwitserland (US$60,4 miljard) en in Oostenrijk (US$34,9 miljard). De toegevoegde waarde per hoofd in Liechtenstein was groter dan in Zwitserland (US$9,6 duizend) en in Oostenrijk (US$4,6 duizend). De groei van de toegevoegde waarde in Liechtenstein was groter dan in Zwitserland (0,89%); maar minder dan in Oostenrijk (4,0%).

Vergelijking met leiders. De toegevoegde waarde van Liechtenstein was minder dan in de Verenigde Staten (US$1,7 biljoen), in de Sovjet-Unie (US$649,4 miljard), in Japan (US$545,3 miljard), in Duitsland (US$444,9 miljard) en in Frankrijk (US$297,3 miljard). De toegevoegde waarde per hoofd in Liechtenstein was groter dan in de Verenigde Staten (US$7,8 duizend), in Duitsland (US$5,7 duizend), in Frankrijk (US$5,5 duizend), in Japan (US$4,9 duizend) en in de Sovjet-Unie (US$2,6 duizend). De groei van de toegevoegde waarde in Liechtenstein was groter dan in de Verenigde Staten (2,9%); maar minder dan in Japan (4,9%), in de Sovjet-Unie (4,8%), in Frankrijk (3,7%) en in Duitsland (3,1%).

de jaren 1980

De toegevoegde waarde van Liechtenstein bedroeg in de jaren 1980 US$846,1 miljoen per jaar, stond op de 144e plaats in de wereld, en was vergelijkbaar met Swaziland (US$839,9 miljoen). Het aandeel in de wereld was 0,0058%, en 0,017% in Europa.

De totale toegevoegde waarde van Liechtenstein bestond uit: diensten (38,2%), industrie (24,6%), handel (17,9%), transport (9,0%), constructie (8,1%) en landbouw (2,3%).

De toegevoegde waarde per hoofd in Liechtenstein was $31.136,8 in de jaren 1980s, stond op de 2e plaats in de wereld. De toegevoegde waarde per hoofd in Liechtenstein was in 10,3 keer hoger dan de toegevoegde waarde per hoofd van de bevolking in de wereld ($3.029,9), en was in 4,7 keer hoger dan de toegevoegde waarde per hoofd van de bevolking in Europa ($3.029,9).

De groei van de toegevoegde waarde in Liechtenstein bedroeg 4.6% in de jaren 1980, stond op de 38e plaats in de wereld, en was vergelijkbaar met Grenada (4,6%). De groei van de toegevoegde waarde in Liechtenstein (4,6%) was groter dan de groei van de toegevoegde waarde in de wereld (2,9%), was groter dan de groei van de toegevoegde waarde in Europa (2,6%).

Vergelijking met buren. De toegevoegde waarde van Liechtenstein was minder dan in Zwitserland (US$142,3 miljard) en in Oostenrijk (US$81,8 miljard). De toegevoegde waarde per hoofd in Liechtenstein was groter dan in Zwitserland (US$22,2 duizend) en in Oostenrijk (US$10,7 duizend). De groei van de toegevoegde waarde in Liechtenstein was groter dan in Zwitserland (2,5%) en in Oostenrijk (2,0%).

Vergelijking met leiders. De toegevoegde waarde van Liechtenstein was minder dan in de Verenigde Staten (US$4,2 biljoen), in Japan (US$1,8 biljoen), in Duitsland (US$907,0 miljard), in de Sovjet-Unie (US$887,0 miljard) en in Frankrijk (US$650,9 miljard). De toegevoegde waarde per hoofd in Liechtenstein was groter dan in de Verenigde Staten (US$17,4 duizend), in Japan (US$14,8 duizend), in Duitsland (US$11,6 duizend), in Frankrijk (US$11,5 duizend) en in de Sovjet-Unie (US$3,2 duizend). De groei van de toegevoegde waarde in Liechtenstein was groter dan in de Sovjet-Unie (4,3%), in Japan (4,2%), in de Verenigde Staten (2,8%), in Frankrijk (2,2%) en in Duitsland (2,0%).

de jaren 1990

De toegevoegde waarde van Liechtenstein bedroeg in de jaren 1990 US$2,2 miljard per jaar, stond op de 146e plaats in de wereld, en was vergelijkbaar met Albanië (US$2,2 miljard). Het aandeel in de wereld was 0,0080%, en 0,025% in Europa.

De totale toegevoegde waarde van Liechtenstein bestond uit: diensten (44,1%), industrie (27,3%), handel (13,7%), vervoer (7,4%), bouw (6,2%) en landbouw (1,2%).

De toegevoegde waarde per hoofd in Liechtenstein was $71.675,7 in de jaren 1990s, stond op de 2e plaats in de wereld. De toegevoegde waarde per hoofd in Liechtenstein was in 14,9 keer hoger dan de toegevoegde waarde per hoofd van de bevolking in de wereld ($4.799,9), en was in 5,8 keer hoger dan de toegevoegde waarde per hoofd van de bevolking in Europa ($4.799,9).

De groei van de toegevoegde waarde in Liechtenstein bedroeg 3.5% in de jaren 1990, stond op de 83e plaats in de wereld, en was vergelijkbaar met Saoedi-Arabië (3,5%), Centraal-Amerika (3,5%), Ghana (3,5%). De groei van de toegevoegde waarde in Liechtenstein (3,5%) was groter dan de groei van de toegevoegde waarde in de wereld (2,7%), was groter dan de groei van de toegevoegde waarde in Europa (1,3%).

Vergelijking met buren. De toegevoegde waarde van Liechtenstein was minder dan in Zwitserland (US$289,8 miljard) en in Oostenrijk (US$183,2 miljard). De toegevoegde waarde per hoofd in Liechtenstein was groter dan in Zwitserland (US$41,8 duizend) en in Oostenrijk (US$23,1 duizend). De groei van de toegevoegde waarde in Liechtenstein was groter dan in Oostenrijk (2,8%) en in Zwitserland (0,94%).

Vergelijking met leiders. De toegevoegde waarde van Liechtenstein was minder dan in de Verenigde Staten (US$7,6 biljoen), in Japan (US$4,3 biljoen), in Duitsland (US$2,0 biljoen), in Frankrijk (US$1,3 biljoen) en in het Verenigd Koninkrijk (US$1,2 biljoen). De toegevoegde waarde per hoofd in Liechtenstein was groter dan in Japan (US$34,2 duizend), in de Verenigde Staten (US$28,6 duizend), in Duitsland (US$24,5 duizend), in Frankrijk (US$21,6 duizend) en in het Verenigd Koninkrijk (US$21,4 duizend). De groei van de toegevoegde waarde in Liechtenstein was groter dan in de Verenigde Staten (2,8%), in het Verenigd Koninkrijk (2,4%), in Duitsland (2,1%), in Frankrijk (1,8%) en in Japan (1,8%).

de jaren 2000

De toegevoegde waarde van Liechtenstein bedroeg in de jaren 2000 US$3,6 miljard per jaar, stond op de 149e plaats in de wereld, en was vergelijkbaar met de Kaaimaneilanden (US$3,6 miljard), Malawi (US$3,7 miljard). Het aandeel in de wereld was 0,0082%, en 0,026% in Europa.

De totale toegevoegde waarde van Liechtenstein bestond uit: diensten (45,4%), industrie (41,7%), handel (5,6%), bouw (3,8%), vervoer (3,4%) en landbouw (0,15%).

De toegevoegde waarde per hoofd in Liechtenstein was $104.795,1 in de jaren 2000s, stond op de 2e plaats in de wereld. De toegevoegde waarde per hoofd in Liechtenstein was in 15,4 keer hoger dan de toegevoegde waarde per hoofd van de bevolking in de wereld ($6.818,0), en was in 5,5 keer hoger dan de toegevoegde waarde per hoofd van de bevolking in Europa ($6.818,0).

De groei van de toegevoegde waarde in Liechtenstein bedroeg 2% in de jaren 2000, stond op de 161e plaats in de wereld, en was vergelijkbaar met Monaco (2,0%), de Salomonseilanden (2,0%). De groei van de toegevoegde waarde in Liechtenstein (2,0%) was minder dan de groei van de toegevoegde waarde in de wereld (2,9%), was groter dan de groei van de toegevoegde waarde in Europa (1,7%).

Vergelijking met buren. De toegevoegde waarde van Liechtenstein was minder dan in Zwitserland (US$397,6 miljard) en in Oostenrijk (US$271,4 miljard). De toegevoegde waarde per hoofd in Liechtenstein was groter dan in Zwitserland (US$53,8 duizend) en in Oostenrijk (US$33,0 duizend). De groei van de toegevoegde waarde in Liechtenstein was groter dan in Zwitserland (1,8%) en in Oostenrijk (1,7%).

Vergelijking met leiders. De toegevoegde waarde van Liechtenstein was minder dan in de Verenigde Staten (US$12,6 biljoen), in Japan (US$4,7 biljoen), in China (US$2,6 biljoen), in Duitsland (US$2,5 biljoen) en in het Verenigd Koninkrijk (US$2,1 biljoen). De toegevoegde waarde per hoofd in Liechtenstein was groter dan in de Verenigde Staten (US$42,8 duizend), in Japan (US$36,4 duizend), in het Verenigd Koninkrijk (US$34,6 duizend), in Duitsland (US$30,7 duizend) en in China (US$1.954,1). De groei van de toegevoegde waarde in Liechtenstein was groter dan in de Verenigde Staten (1,7%), in het Verenigd Koninkrijk (1,7%), in Duitsland (0,65%) en in Japan (0,27%); maar minder dan in China (10,2%).

de jaren 2010

De toegevoegde waarde van Liechtenstein bedroeg in de jaren 2010 US$6,1 miljard per jaar, stond op de 154e plaats in de wereld, en was vergelijkbaar met Mauritanië (US$6,1 miljard). Het aandeel in de wereld was 0,0083%, en 0,033% in Europa.

De totale toegevoegde waarde van Liechtenstein bestond uit: diensten (45,9%), industrie (40,1%), handel (6,5%), bouw (3,9%), vervoer (3,4%) en landbouw (0,13%).

De toegevoegde waarde per hoofd in Liechtenstein was $165.269,7 in de jaren 2010s, stond op de 2e plaats in de wereld. De toegevoegde waarde per hoofd in Liechtenstein was in 16,4 keer hoger dan de toegevoegde waarde per hoofd van de bevolking in de wereld ($10.094,6), en was in 6,5 keer hoger dan de toegevoegde waarde per hoofd van de bevolking in Europa ($10.094,6).

De groei van de toegevoegde waarde in Liechtenstein bedroeg 2.1% in de jaren 2010, stond op de 139e plaats in de wereld, en was vergelijkbaar met Letland (2,1%), Noord-Europa (2,1%), Koeweit (2,1%). De groei van de toegevoegde waarde in Liechtenstein (2,1%) was minder dan de groei van de toegevoegde waarde in de wereld (3,1%), was groter dan de groei van de toegevoegde waarde in Europa (1,6%).

Vergelijking met buren. De toegevoegde waarde van Liechtenstein was 110,9 keer minder dan in Zwitserland (US$681,4 miljard) en 60,9 keer minder dan in Oostenrijk (US$374,5 miljard). De toegevoegde waarde per hoofd in Liechtenstein was 99,6% groter dan in Zwitserland (US$82,8 duizend) en 3,8 keer groter dan in Oostenrijk (US$43,2 duizend). De groei van de toegevoegde waarde in Liechtenstein was groter dan in Zwitserland (2,0%) en in Oostenrijk (1,6%).

Vergelijking met leiders. De toegevoegde waarde van Liechtenstein was 2.922,2 keer minder dan in de Verenigde Staten (US$18,0 biljoen), 1.709,2 keer minder dan in China (US$10,5 biljoen), 846,2 keer minder dan in Japan (US$5,2 biljoen), 537,3 keer minder dan in Duitsland (US$3,3 biljoen) en 401,9 keer minder dan in het Verenigd Koninkrijk (US$2,5 biljoen). De toegevoegde waarde per hoofd in Liechtenstein was 2,9 keer groter dan in de Verenigde Staten (US$56,2 duizend), 4,1 keer groter dan in Japan (US$40,7 duizend), 4,1 keer groter dan in Duitsland (US$40,3 duizend), 4,4 keer groter dan in het Verenigd Koninkrijk (US$37,7 duizend) en 22,1 keer groter dan in China (US$7,5 duizend). De groei van de toegevoegde waarde in Liechtenstein was groter dan in Duitsland (1,9%), in het Verenigd Koninkrijk (1,8%) en in Japan (1,3%); maar minder dan in China (7,7%) en in de Verenigde Staten (2,2%).

Hoofdstuk III. Bruto nationaal inkomen

Het BNI van Liechtenstein steeg van US$293,0 miljoen per jaar in de jaren 1970 tot US$5,7 miljard per jaar in de jaren 2010, dat wil zeggen met US$5,4 miljard of 19,6 keer. De verandering vond plaats op US$4,8 miljard als gevolg van een 6,2-voudige stijging van de prijzen, en ook op US$462,0 miljoen als gevolg van een 2,0-voudige toename van de productiviteit , evenals op US$174,8 miljoen als gevolg van de toename van de bevolking. De gemiddelde jaarlijkse groei van het bruto nationaal inkomen is 3,1%. De minimumwaarde van het bruto nationaal inkomen bedroeg US$108,7 miljoen in 1970. De maximumwaarde van het bruto nationaal inkomen bedroeg US$7,2 miljard in 2019.

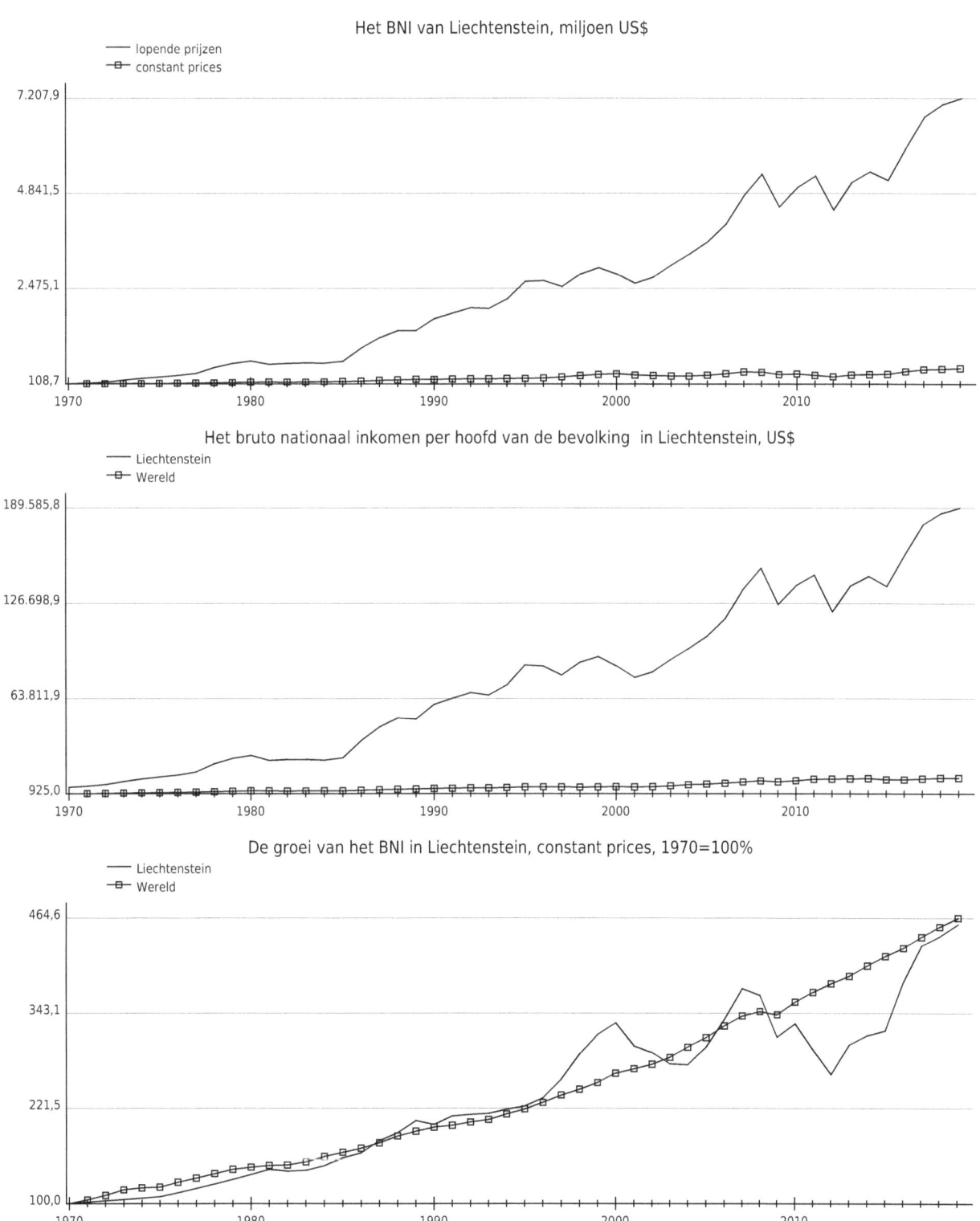

Het BNI van Liechtenstein, miljoen US$

Het bruto nationaal inkomen per hoofd van de bevolking in Liechtenstein, US$

De groei van het BNI in Liechtenstein, constant prices, 1970=100%

de jaren 1970

Het bruto nationaal inkomen van Liechtenstein bedroeg in de jaren 1970 US$293,0 miljoen per jaar, stond op de 147e plaats in de wereld, en was vergelijkbaar met Mongolië (US$299,8 miljoen). Het aandeel in de wereld was 0,0045%, en 0,011% in Europa.

Het BNI per hoofd in Liechtenstein was $12.577,5 in de jaren 1970s, stond op de 4e plaats in de wereld. Het BNI per hoofd in Liechtenstein was in 7,7 keer hoger dan het bruto nationaal inkomen per hoofd van de bevolking in de wereld ($1.624,3), en was in 3,4 keer hoger dan het bruto nationaal inkomen per hoofd van de bevolking in Europa ($1.624,3).

De groei van het BNI in Liechtenstein bedroeg 3% in de jaren 1970, stond op de 133e plaats in de wereld, en was vergelijkbaar met Puerto Rico (3,0%), de Nederland (3,0%), Duitsland (3,0%). De groei van het BNI in Liechtenstein (3,0%) was minder dan de groei van het BNI in de wereld (4,1%), was minder dan de groei van het BNI in Europa (3,6%).

Vergelijking met buren. Het bruto nationaal inkomen van Liechtenstein was minder dan in Zwitserland (US$64,4 miljard) en in Oostenrijk (US$39,2 miljard). Het BNI per hoofd in Liechtenstein was groter dan in Zwitserland (US$10,2 duizend) en in Oostenrijk (US$5,2 duizend). De groei van het bruto nationaal inkomen in Liechtenstein was groter dan in Zwitserland (0,94%); maar minder dan in Oostenrijk (3,8%).

Vergelijking met leiders. Het bruto nationaal inkomen van Liechtenstein was minder dan in de Verenigde Staten (US$1,7 biljoen), in de Sovjet-Unie (US$649,4 miljard), in Japan (US$558,5 miljard), in Duitsland (US$486,2 miljard) en in Frankrijk (US$334,3 miljard). Het BNI per hoofd in Liechtenstein was groter dan in de Verenigde Staten (US$7,8 duizend), in Frankrijk (US$6,2 duizend), in Duitsland (US$6,2 duizend), in Japan (US$5,0 duizend) en in de Sovjet-Unie (US$2,6 duizend). De groei van het BNI in Liechtenstein was minder dan in de Sovjet-Unie (4,8%), in Japan (4,7%), in Frankrijk (3,9%), in de Verenigde Staten (3,5%) en in Duitsland (3,0%).

de jaren 1980

Het BNI van Liechtenstein bedroeg in de jaren 1980 US$890,4 miljoen per jaar, stond op de 143e plaats in de wereld, en was vergelijkbaar met Gambia (US$875,6 miljoen). Het aandeel in de wereld was 0,0059%, en 0,016% in Europa.

Het BNI per hoofd in Liechtenstein was $32.765,6 in de jaren 1980s, stond op de 2e plaats in de wereld. Het bruto nationaal inkomen per hoofd in Liechtenstein was in 10,5 keer hoger dan het bruto nationaal inkomen per hoofd van de bevolking in de wereld ($3.117,1), en was in 4,6 keer hoger dan het bruto nationaal inkomen per hoofd van de bevolking in Europa ($3.117,1).

De groei van het bruto nationaal inkomen in Liechtenstein bedroeg 4.6% in de jaren 1980, stond op de 41e plaats in de wereld, en was vergelijkbaar met Vietnam (4,7%), Zimbabwe (4,7%), Polynesië (4,7%). De groei van het bruto nationaal inkomen in Liechtenstein (4,6%) was groter dan de groei van het BNI in de wereld (3,0%), was groter dan de groei van het bruto nationaal inkomen in Europa (2,4%).

Vergelijking met buren. Het BNI van Liechtenstein was minder dan in Zwitserland (US$152,1 miljard) en in Oostenrijk (US$92,5 miljard). Het bruto nationaal inkomen per hoofd in Liechtenstein was groter dan in Zwitserland (US$23,7 duizend) en in Oostenrijk (US$12,1 duizend). De groei van het bruto nationaal inkomen in Liechtenstein was groter dan in Zwitserland (2,2%) en in Oostenrijk (2,0%).

Vergelijking met leiders. Het BNI van Liechtenstein was minder dan in de Verenigde Staten (US$4,2 biljoen), in Japan (US$1,8 biljoen), in Duitsland (US$996,5 miljard), in de Sovjet-Unie (US$887,0 miljard) en in Frankrijk (US$732,1 miljard). Het bruto nationaal inkomen per hoofd in Liechtenstein was groter dan in de Verenigde Staten (US$17,4 duizend), in Japan (US$15,0 duizend), in Frankrijk (US$13,0 duizend), in Duitsland (US$12,8 duizend) en in de Sovjet-Unie (US$3,2 duizend). De groei van het BNI in Liechtenstein was groter dan in Japan (4,4%), in de Sovjet-Unie (4,3%), in de Verenigde Staten (3,1%), in Frankrijk (2,3%) en in Duitsland (2,0%).

de jaren 1990

Het BNI van Liechtenstein bedroeg in de jaren 1990 US$2,3 miljard per jaar, stond op de 145e plaats in de wereld. Het aandeel in de wereld was 0,0082%, en 0,024% in Europa.

Het bruto nationaal inkomen per hoofd in Liechtenstein was $76.360,8 in de jaren 1990s, stond op de 2e plaats in de wereld. Het bruto nationaal inkomen per hoofd in Liechtenstein was in 15,3 keer hoger dan het bruto nationaal inkomen per hoofd van de bevolking in de wereld ($4.991,4), en was in 5,7 keer hoger dan het bruto nationaal inkomen per hoofd van de bevolking in Europa ($4.991,4).

De groei van het bruto nationaal inkomen in Liechtenstein bedroeg 4.4% in de jaren 1990, stond op de 60e plaats in de wereld, en was vergelijkbaar met Bhutan (4,3%). De groei van het bruto nationaal inkomen in Liechtenstein (4,4%) was groter dan de groei van het bruto nationaal inkomen in de wereld (2,8%), was groter dan de groei van het bruto nationaal inkomen in Europa (1,3%).

Vergelijking met buren. Het bruto nationaal inkomen van Liechtenstein was minder dan in Zwitserland (US$306,4 miljard) en in Oostenrijk (US$205,1 miljard). Het bruto nationaal inkomen per hoofd in Liechtenstein was groter dan in Zwitserland (US$44,2 duizend) en in Oostenrijk (US$25,9 duizend). De groei van het bruto nationaal inkomen in Liechtenstein was groter dan in Oostenrijk (2,5%) en in Zwitserland (1,1%).

Vergelijking met leiders. Het bruto nationaal inkomen van Liechtenstein was minder dan in de Verenigde Staten (US$7,5 biljoen), in Japan (US$4,4 biljoen), in Duitsland (US$2,2 biljoen), in Frankrijk (US$1,4 biljoen) en in het Verenigd Koninkrijk (US$1,3 biljoen). Het bruto nationaal inkomen per hoofd in Liechtenstein was groter dan in Japan (US$34,7 duizend), in de Verenigde Staten (US$28,5 duizend), in Duitsland (US$27,0 duizend), in Frankrijk (US$24,3 duizend) en in het Verenigd Koninkrijk (US$23,0 duizend). De groei van het bruto nationaal inkomen in Liechtenstein was groter dan in de Verenigde Staten (3,4%), in Frankrijk (2,2%), in het Verenigd Koninkrijk (2,0%), in Duitsland (2,0%) en in Japan (1,5%).

de jaren 2000

Het BNI van Liechtenstein bedroeg in de jaren 2000 US$3,7 miljard per jaar, stond op de 150e plaats in de wereld, en was vergelijkbaar met Barbados (US$3,7 miljard). Het aandeel in de wereld was 0,0079%, en 0,024% in Europa.

Het BNI per hoofd in Liechtenstein was $106.857,1 in de jaren 2000s, stond op de 2e plaats in de wereld. Het bruto nationaal inkomen per hoofd in Liechtenstein was in 14,9 keer hoger dan het bruto nationaal inkomen per hoofd van de bevolking in de wereld ($7.165,2), en was in 5,1 keer hoger dan het bruto nationaal inkomen per hoofd van de bevolking in Europa ($7.165,2).

De groei van het bruto nationaal inkomen in Liechtenstein bedroeg -0.1% in de jaren 2000, stond op de 204e plaats in de wereld. De groei van het bruto nationaal inkomen in Liechtenstein (-0,10%) was minder dan de groei van het bruto nationaal inkomen in de wereld (3,0%), was minder dan de groei van het bruto nationaal inkomen in Europa (1,8%).

Vergelijking met buren. Het BNI van Liechtenstein was minder dan in Zwitserland (US$425,3 miljard) en in Oostenrijk (US$303,8 miljard). Het BNI per hoofd in Liechtenstein was groter dan in Zwitserland (US$57,6 duizend) en in Oostenrijk (US$36,9 duizend). De groei van het BNI in Liechtenstein was minder dan in Oostenrijk (1,8%) en in Zwitserland (1,6%).

Vergelijking met leiders. Het BNI van Liechtenstein was minder dan in de Verenigde Staten (US$12,7 biljoen), in Japan (US$4,8 biljoen), in Duitsland (US$2,8 biljoen), in China (US$2,6 biljoen) en in het Verenigd Koninkrijk (US$2,3 biljoen). Het bruto nationaal inkomen per hoofd in Liechtenstein was groter dan in de Verenigde Staten (US$43,2 duizend), in het Verenigd Koninkrijk (US$38,5 duizend), in Japan (US$37,1 duizend), in Duitsland (US$34,2 duizend) en in China (US$1.950,5). De groei van het BNI in Liechtenstein was minder dan in China (10,4%), in de Verenigde Staten (1,8%), in het Verenigd Koninkrijk (1,7%), in Duitsland (1,0%) en in Japan (0,62%).

de jaren 2010

Het BNI van Liechtenstein bedroeg in de jaren 2010 US$5,7 miljard per jaar, stond op de 158e plaats in de wereld. Het aandeel in de wereld was 0,0074%, en 0,027% in Europa.

Het bruto nationaal inkomen per hoofd in Liechtenstein was $154.148,0 in de jaren 2010s, stond op de 2e plaats in de wereld. Het BNI per hoofd in Liechtenstein was in 14,5 keer hoger dan het bruto nationaal inkomen per hoofd van de bevolking in de wereld ($10.611,7), en was in 5,5 keer hoger dan het bruto nationaal inkomen per hoofd van de bevolking in Europa ($10.611,7).

De groei van het bruto nationaal inkomen in Liechtenstein bedroeg 3.9% in de jaren 2010, stond op de 82e plaats in de wereld, en was vergelijkbaar met Estland (3,8%), de Turks- en Caicoseilanden (3,9%). De groei van het BNI in Liechtenstein (3,9%) was groter dan de groei van het bruto nationaal inkomen in de wereld (3,1%), was groter dan de groei van het bruto nationaal inkomen in Europa (1,6%).

Vergelijking met buren. Het bruto nationaal inkomen van Liechtenstein was 123,8 keer minder dan in Zwitserland (US$709,9 miljard) en 73,2 keer minder dan in Oostenrijk (US$419,7 miljard). Het BNI per hoofd in Liechtenstein was 78,7% groter dan in Zwitserland (US$86,3 duizend) en 3,2 keer groter dan in Oostenrijk (US$48,4 duizend). De groei van het BNI in Liechtenstein was groter dan in Zwitserland (1,9%) en in Oostenrijk (1,6%).

Vergelijking met leiders. Het bruto nationaal inkomen van Liechtenstein was 3.193,2 keer minder dan in de Verenigde Staten (US$18,3 biljoen), 1.825,8 keer minder dan in China (US$10,5 biljoen), 941,8 keer minder dan in Japan (US$5,4 biljoen), 654,0 keer minder dan in

Duitsland (US$3,7 biljoen) en 479,0 keer minder dan in Frankrijk (US$2,7 biljoen). Het bruto nationaal inkomen per hoofd in Liechtenstein was 2,7 keer groter dan in de Verenigde Staten (US$57,3 duizend), 3,4 keer groter dan in Duitsland (US$45,8 duizend), 3,7 keer groter dan in Japan (US$42,2 duizend), 3,7 keer groter dan in Frankrijk (US$41,4 duizend) en 20,7 keer groter dan in China (US$7,5 duizend). De groei van het BNI in Liechtenstein was groter dan in de Verenigde Staten (2,5%), in Duitsland (2,0%), in Japan (1,4%) en in Frankrijk (1,4%); maar minder dan in China (7,7%).

Part II. Structuur

Hoofdstuk IV. Landbouw

Landbouw, jacht, bosbouw, vissen (ISIC A-B)

De waarde van de landbouw in Liechtenstein steeg van US$6,6 miljoen per jaar in de jaren 1970 tot US$7,8 miljoen per jaar in de jaren 2010, dat wil zeggen met US$1,2 miljoen of 18,2%. De verandering vond plaats op US$6,5 miljoen als gevolg van een 6,2-voudige stijging van de prijzen, en ook op -US$9,2 miljoen als gevolg van een 8,4-voudige afname van de productiviteit , evenals op US$3,9 miljoen als gevolg van de toename van de bevolking. De gemiddelde jaarlijkse groei van de landbouw is -2,8%. De minimumwaarde van de landbouw bedroeg US$2,4 miljoen in 1970. De maximumwaarde van de landbouw bedroeg US$36,6 miljoen in 1995.

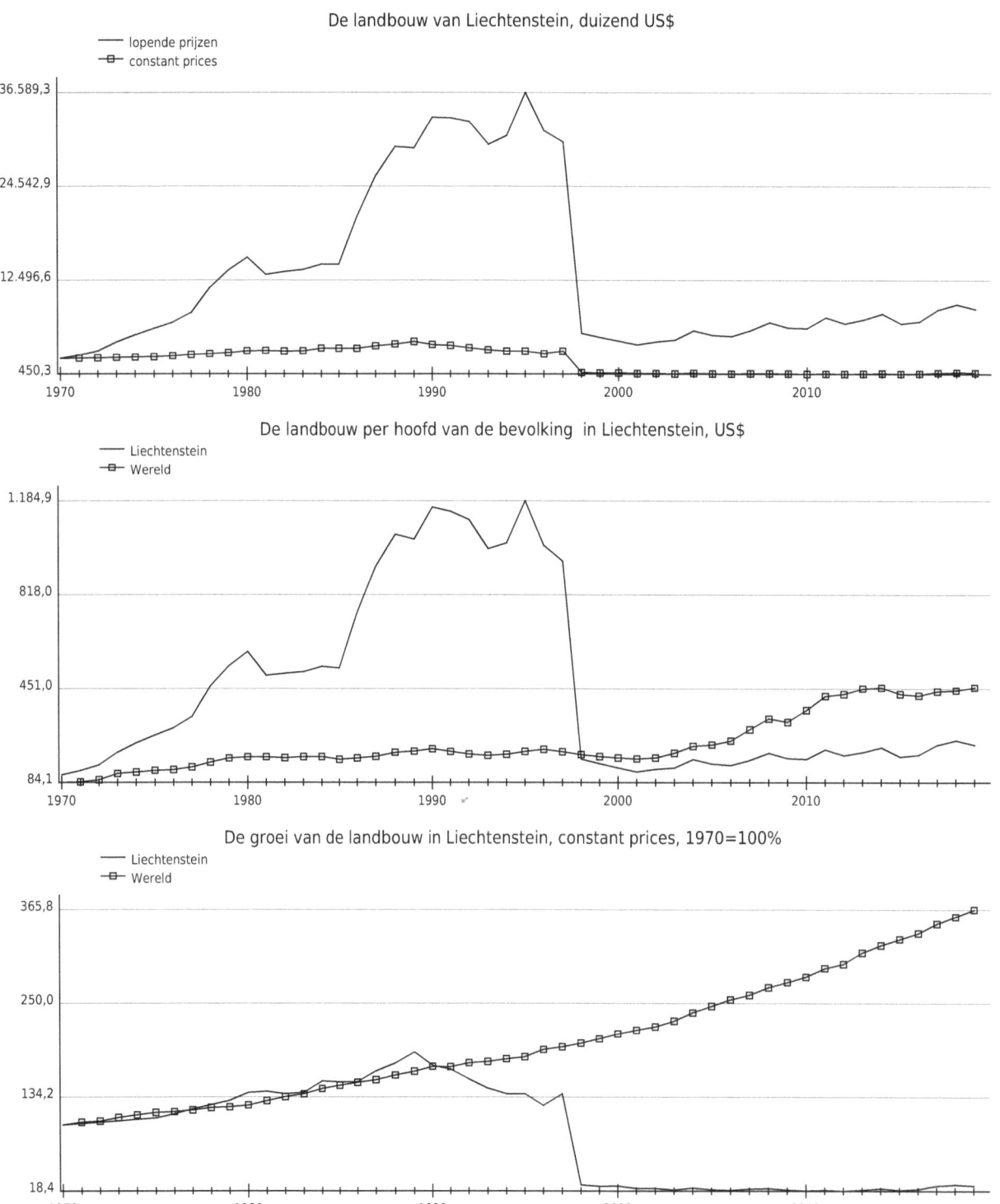

De landbouw van Liechtenstein, duizend US$

De landbouw per hoofd van de bevolking in Liechtenstein, US$

De groei van de landbouw in Liechtenstein, constant prices, 1970=100%

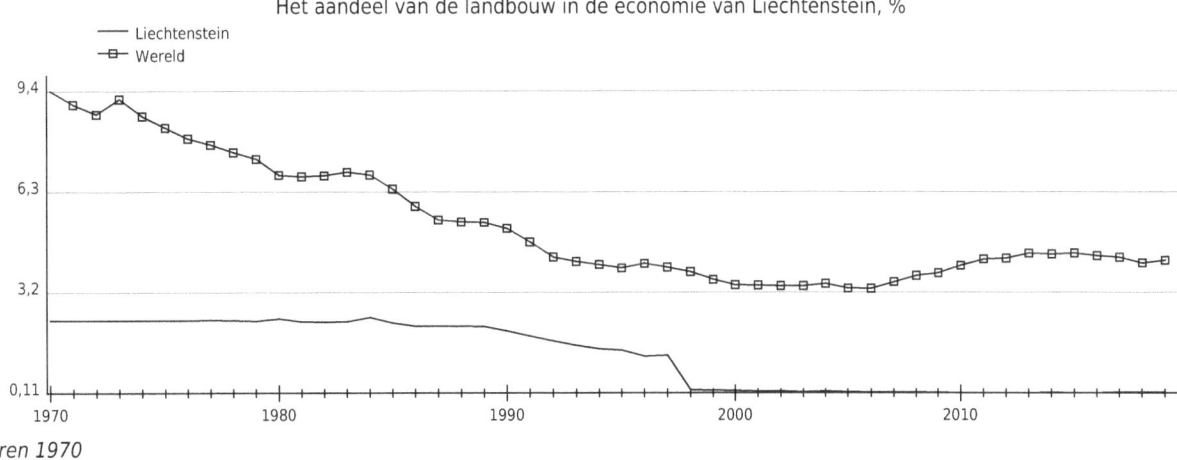

Het aandeel van de landbouw in de economie van Liechtenstein, %

de jaren 1970

De landbouw van Liechtenstein bedroeg in de jaren 1970 US$6,6 miljoen per jaar, stond op de 163e plaats in de wereld. Het aandeel in de wereld was 0,0013%, en 0,0034% in Europa.

Het aandeel van de landbouw in de economie van Liechtenstein was 2,4% in de jaren 1970, stond op de 165e plaats in de wereld, en was vergelijkbaar met Zwitserland (2,4%).

De waarde van de landbouw per hoofd in Liechtenstein was $282,1 in de jaren 1970s, stond op de 20e plaats in de wereld, en was vergelijkbaar met de Nederland (US$287,7). De sector van de landbouw per hoofd in Liechtenstein was in 2,2 keer hoger dan de landbouw per hoofd van de bevolking in de wereld ($127,6), en was 5,2% hoger dan de landbouw per hoofd van de bevolking in Europa ($127,6).

De groei van de landbouw in Liechtenstein bedroeg 3% in de jaren 1970, stond op de 87e plaats in de wereld, en was vergelijkbaar met Costa Rica (2,9%), Argentinië (2,9%), Melanesië (3,0%). De groei van de landbouw in Liechtenstein (3,0%) was groter dan de groei van de landbouw in de wereld (2,2%), was minder dan de groei van de landbouw in Europa (3,3%).

Vergelijking met buren. De waarde van de landbouw in Liechtenstein was minder dan in Oostenrijk (US$2,0 miljard) en in Zwitserland (US$1,4 miljard). De landbouw per hoofd in Liechtenstein was groter dan in Oostenrijk (US$257,0) en in Zwitserland (US$227,1). De groei van de landbouw in Liechtenstein was groter dan in Oostenrijk (1,5%) en in Zwitserland (0,71%).

Vergelijking met leiders. De toegevoegde waarde van de landbouw in Liechtenstein was minder dan in de Sovjet-Unie (US$88,7 miljard), in China (US$49,5 miljard), in de Verenigde Staten (US$42,6 miljard), in India (US$36,0 miljard) en in Japan (US$25,8 miljard). De sector van de landbouw per hoofd in Liechtenstein was groter dan in Japan (US$231,3), in de Verenigde Staten (US$195,0), in India (US$58,3) en in China (US$54,2); maar minder dan in de Sovjet-Unie (US$351,8). De groei van de landbouw in Liechtenstein was groter dan in China (2,4%), in Japan (0,52%), in de Verenigde Staten (0,34%) en in India (0,30%); maar minder dan in de Sovjet-Unie (7,0%).

de jaren 1980

De toegevoegde waarde van de landbouw in Liechtenstein bedroeg in de jaren 1980 US$19,1 miljoen per jaar, stond op de 160e plaats in de wereld, en was vergelijkbaar met Brunei (US$19,0 miljoen). Het aandeel in de wereld was 0,0021%, en 0,0064% in Europa.

Het aandeel van de landbouw in de economie van Liechtenstein was 2,3% in de jaren 1980, stond op de 163e plaats in de wereld, en was vergelijkbaar met Zwitserland (2,3%).

De landbouw per hoofd in Liechtenstein was $701,6 in de jaren 1980s, stond op de 5e plaats in de wereld. De toegevoegde waarde van de landbouw per hoofd in Liechtenstein was in 3,8 keer hoger dan de landbouw per hoofd van de bevolking in de wereld ($186,6), en was 81,6% hoger dan de landbouw per hoofd van de bevolking in Europa ($186,6).

De groei van de landbouw in Liechtenstein bedroeg 3.8% in de jaren 1980, stond op de 40e plaats in de wereld, en was vergelijkbaar met Tanzania (3,8%), Frans-Polynesië (3,8%), Burkina Faso (3,9%). De groei van de landbouw in Liechtenstein (3,8%) was groter dan de groei van de landbouw in de wereld (3,1%), was groter dan de groei van de landbouw in Europa (2,1%).

Vergelijking met buren. De landbouw van Liechtenstein was minder dan in Zwitserland (US$3,2 miljard) en in Oostenrijk (US$3,1 miljard). De sector van de landbouw per hoofd in Liechtenstein was groter dan in Zwitserland (US$500,8) en in Oostenrijk (US$410,2). De groei van de landbouw in Liechtenstein was groter dan in Oostenrijk (-0,28%) en in Zwitserland (-0,87%).

Vergelijking met leiders. De sector van de landbouw in Liechtenstein was minder dan in de Sovjet-Unie (US$125,8 miljard), in China (US$94,9 miljard), in India (US$70,4 miljard), in de Verenigde Staten (US$68,7 miljard) en in Japan (US$49,7 miljard). De toegevoegde waarde van de landbouw per hoofd in Liechtenstein was groter dan in de Sovjet-Unie (US$457,2), in Japan (US$410,0), in de Verenigde Staten (US$286,8), in India (US$90,7) en in China (US$88,5). De groei van de landbouw in Liechtenstein was groter dan in de Verenigde Staten (3,7%), in de Sovjet-Unie (2,8%) en in Japan (0,41%); maar minder dan in China (5,3%) en in India (4,4%).

de jaren 1990

De waarde van de landbouw in Liechtenstein bedroeg in de jaren 1990 US$27,0 miljoen per jaar, stond op de 185e plaats in de wereld, en was vergelijkbaar met de Seychellen (US$27,5 miljoen). Het aandeel in de wereld was 0,0024%, en 0,0097% in Europa.

Het aandeel van de landbouw in de economie van Liechtenstein was 1,2% in de jaren 1990, stond op de 191e plaats in de wereld, en was vergelijkbaar met het Verenigd Koninkrijk (1,2%).

De toegevoegde waarde van de landbouw per hoofd in Liechtenstein was $879,1 in de jaren 1990s, stond op de 6e plaats in de wereld. De sector van de landbouw per hoofd in Liechtenstein was in 4,4 keer hoger dan de landbouw per hoofd van de bevolking in de wereld ($199,8), en was in 2,3 keer hoger dan de landbouw per hoofd van de bevolking in Europa ($199,8).

De groei van de landbouw in Liechtenstein bedroeg -18.6% in de jaren 1990, stond op de 205e plaats in de wereld. De groei van de landbouw in Liechtenstein (-18,6%) was minder dan de groei van de landbouw in de wereld (2,2%), was minder dan de groei van de landbouw in Europa (-1,6%).

Vergelijking met buren. De landbouw van Liechtenstein was minder dan in Oostenrijk (US$4,5 miljard) en in Zwitserland (US$4,3 miljard). De waarde van de landbouw per hoofd in Liechtenstein was groter dan in Zwitserland (US$622,9) en in Oostenrijk (US$573,4). De groei van de landbouw in Liechtenstein was minder dan in Oostenrijk (1,8%) en in Zwitserland (-0,97%).

Vergelijking met leiders. De landbouw van Liechtenstein was minder dan in China (US$139,0 miljard), in de Verenigde Staten (US$96,1 miljard), in India (US$91,4 miljard), in Japan (US$78,9 miljard) en in Brazilië (US$36,8 miljard). De landbouw per hoofd in Liechtenstein was groter dan in Japan (US$625,5), in de Verenigde Staten (US$363,4), in Brazilië (US$228,7), in China (US$112,7) en in India (US$95,6). De groei van de landbouw in Liechtenstein was minder dan in China (4,3%), in Brazilië (3,0%), in India (2,8%), in de Verenigde Staten (2,6%) en in Japan (-1,8%).

de jaren 2000

De toegevoegde waarde van de landbouw in Liechtenstein bedroeg in de jaren 2000 US$5,5 miljoen per jaar, stond op de 200e plaats in de wereld, en was vergelijkbaar met de Turks- en Caicoseilanden (US$5,5 miljoen). Het aandeel in de wereld was 0,0003%, en 0,0019% in Europa.

Het aandeel van de landbouw in de economie van Liechtenstein was 0,15% in de jaren 2000, stond op de 204e plaats in de wereld.

De sector van de landbouw per hoofd in Liechtenstein was $158,0 in de jaren 2000s, stond op de 140e plaats in de wereld, en was vergelijkbaar met Oekraïne (US$157,0), Cambodja (US$156,9), Tsjaad (US$159,5). De sector van de landbouw per hoofd in Liechtenstein was 34,3% lager dan de landbouw per hoofd van de bevolking in de wereld ($240,3), en was in 2,4 keer lager dan de landbouw per hoofd van de bevolking in Europa ($240,3).

De groei van de landbouw in Liechtenstein bedroeg -2.1% in de jaren 2000, stond op de 184e plaats in de wereld. De groei van de landbouw in Liechtenstein (-2,1%) was minder dan de groei van de landbouw in de wereld (3,0%), was minder dan de groei van de landbouw in Europa (1,2%).

Vergelijking met buren. De sector van de landbouw in Liechtenstein was minder dan in Oostenrijk (US$4,2 miljard) en in Zwitserland (US$3,4 miljard). De waarde van de landbouw per hoofd in Liechtenstein was minder dan in Oostenrijk (US$516,0) en in Zwitserland (US$464,0). De groei van de landbouw in Liechtenstein was minder dan in Oostenrijk (0,50%) en in Zwitserland (-0,027%).

Vergelijking met leiders. De toegevoegde waarde van de landbouw in Liechtenstein was minder dan in China (US$297,7 miljard), in India (US$147,6 miljard), in de Verenigde Staten (US$122,5 miljard), in Japan (US$57,1 miljard) en in Nigeria (US$47,6 miljard). De toegevoegde waarde van de landbouw per hoofd in Liechtenstein was groter dan in India (US$129,7); maar minder dan in Japan

(US$445,6),   in de Verenigde Staten (US$416,9),   in Nigeria (US$346,4) en   in China (US$224,5). De groei van de landbouw in Liechtenstein was minder dan in Nigeria (10,1%), in China (4,0%), in de Verenigde Staten (3,6%), in India (2,0%) en in Japan (-1,3%).

de jaren 2010

De sector van de landbouw in Liechtenstein bedroeg in de jaren 2010 US$7,8 miljoen per jaar, stond op de 201e plaats in de wereld. Het aandeel in de wereld was 0,0002%, en 0,0021% in Europa.

Het aandeel van de landbouw in de economie van Liechtenstein was 0,13% in de jaren 2010, stond op de 204e plaats in de wereld.

De toegevoegde waarde van de landbouw per hoofd in Liechtenstein was $208,8 in de jaren 2010s, stond op de 160e plaats in de wereld, en was vergelijkbaar met Saint Kitts en Nevis (US$208,2), El Salvador (US$213,2), Ethiopië (US$213,5). De landbouw per hoofd in Liechtenstein was in 2,1 keer lager dan de landbouw per hoofd van de bevolking in de wereld ($432,1), en was in 2,4 keer lager dan de landbouw per hoofd van de bevolking in Europa ($432,1).

De groei van de landbouw in Liechtenstein bedroeg 2.3% in de jaren 2010, stond op de 95e plaats in de wereld, en was vergelijkbaar met Singapore (2,3%), Tunesië (2,3%), Roemenië (2,3%). De groei van de landbouw in Liechtenstein (2,3%) was minder dan de groei van de landbouw in de wereld (2,9%), was groter dan de groei van de landbouw in Europa (0,73%).

Vergelijking met buren. De waarde van de landbouw in Liechtenstein was 656,4 keer minder dan in Oostenrijk (US$5,1 miljard) en 588,6 keer minder dan in Zwitserland (US$4,6 miljard). De landbouw per hoofd in Liechtenstein was 2,8 keer minder dan in Oostenrijk (US$588,6) en 2,7 keer minder dan in Zwitserland (US$555,6). De groei van de landbouw in Liechtenstein was groter dan in Oostenrijk (1,3%) en in Zwitserland (0,34%).

Vergelijking met leiders. De landbouw van Liechtenstein was 114.100,0 keer minder dan in China (US$886,2 miljard), 46.788,6 keer minder dan in India (US$363,4 miljard), 23.212,0 keer minder dan in de Verenigde Staten (US$180,3 miljard), 15.971,2 keer minder dan in Indonesië (US$124,1 miljard) en 12.329,8 keer minder dan in Nigeria (US$95,8 miljard). De toegevoegde waarde van de landbouw per hoofd in Liechtenstein was 3,0 keer minder dan in China (US$631,9), 2,7 keer minder dan in de Verenigde Staten (US$564,3), 2,6 keer minder dan in Nigeria (US$534,6), 2,3 keer minder dan in Indonesië (US$483,6) en 25,2% minder dan in India (US$279,1). De groei van de landbouw in Liechtenstein was groter dan in de Verenigde Staten (2,0%); maar minder dan in India (4,1%), in Indonesië (3,9%), in China (3,8%) en in Nigeria (3,6%).

Hoofdstuk V. Industrie

Mijnbouw, productie, nutsbedrijven (ISIC C-E)

De industrie van Liechtenstein steeg van US$74,1 miljoen per jaar in de jaren 1970 tot US$2,5 miljard per jaar in de jaren 2010, dat wil zeggen met US$2,4 miljard of 33,3 keer. De verandering vond plaats op US$2,1 miljard als gevolg van een 6,2-voudige stijging van de prijzen, en ook op US$279,3 miljoen als gevolg van een 3,4-voudige toename van de productiviteit , evenals op US$44,2 miljoen als gevolg van de toename van de bevolking. De gemiddelde jaarlijkse groei van de industrie is 3,9%. De minimumwaarde van de industrie bedroeg US$27,5 miljoen in 1970. De maximumwaarde van de industrie bedroeg US$2,6 miljard in 2019.

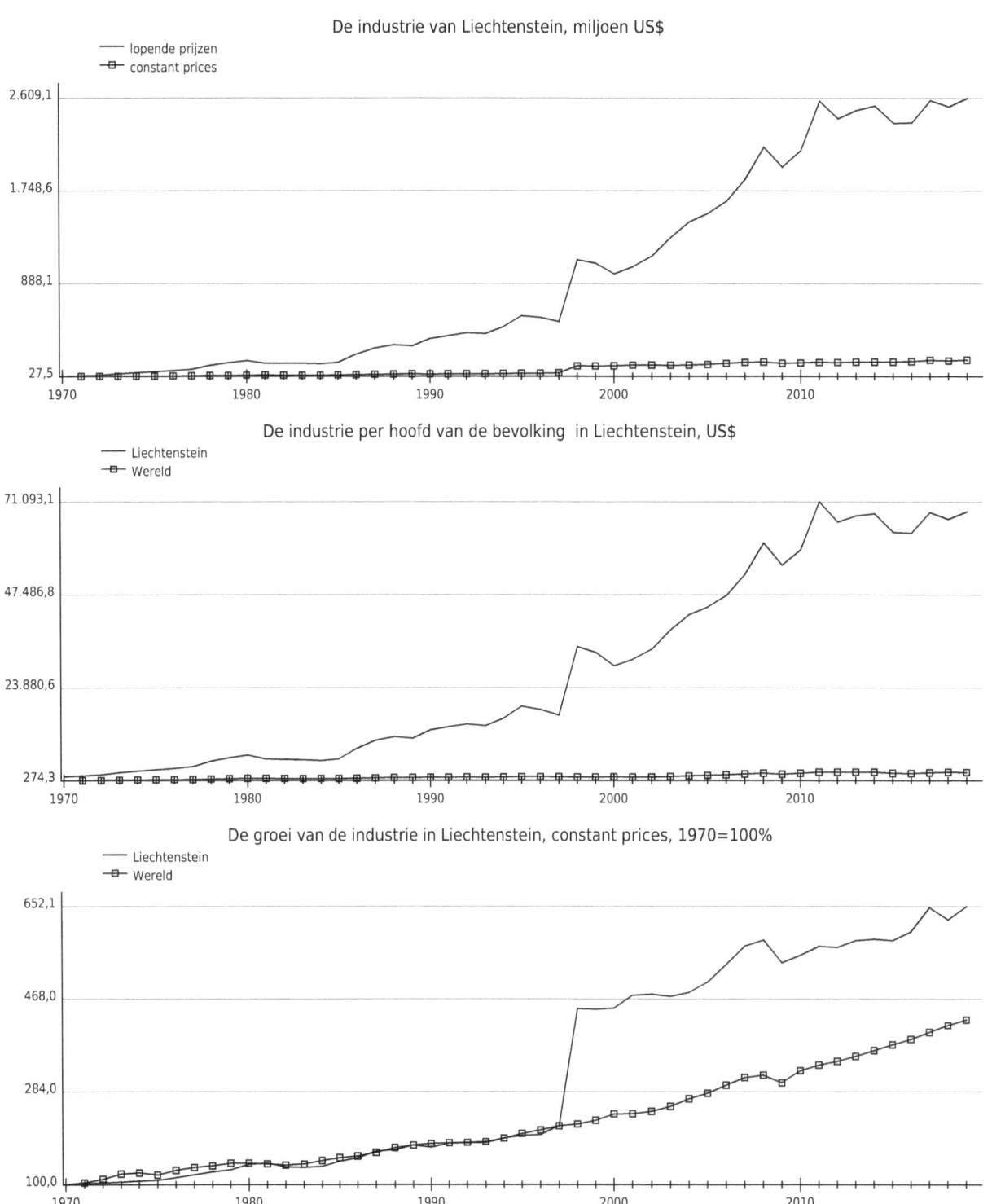

De industrie van Liechtenstein, miljoen US$

De industrie per hoofd van de bevolking in Liechtenstein, US$

De groei van de industrie in Liechtenstein, constant prices, 1970=100%

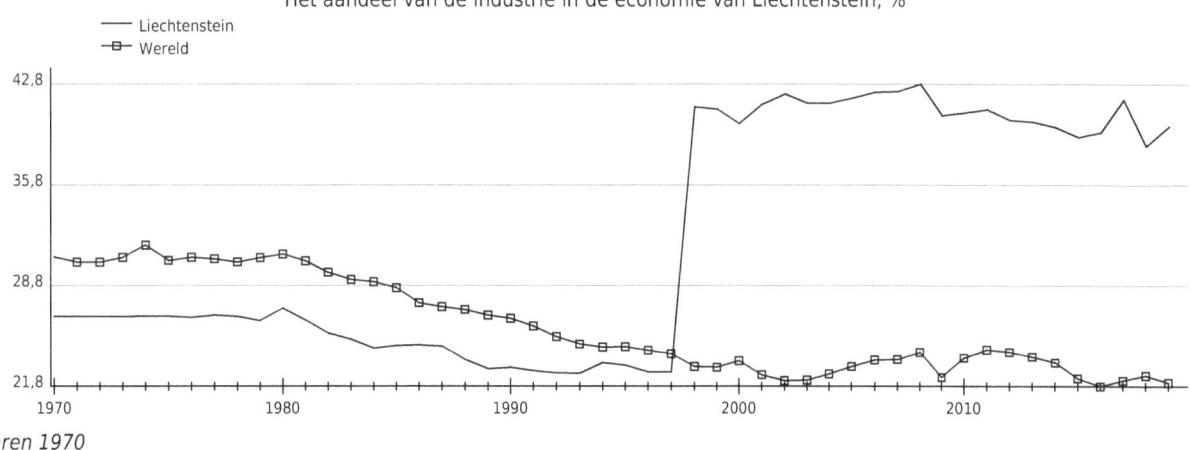

Het aandeel van de industrie in de economie van Liechtenstein, %

de jaren 1970

De industrie van Liechtenstein bedroeg in de jaren 1970 US$74,1 miljoen per jaar, stond op de 133e plaats in de wereld, en was vergelijkbaar met de Bahama's (US$74,6 miljoen), Mongolië (US$75,3 miljoen). Het aandeel in de wereld was 0,0038%, en 0,0090% in Europa.

Het aandeel van de industrie in de economie van Liechtenstein was 26,6% in de jaren 1970, stond op de 68e plaats in de wereld, en was vergelijkbaar met Zwitserland (26,6%), Mexico (26,6%), de Verenigde Staten (26,6%).

De sector van de industrie per hoofd in Liechtenstein was $3.179,4 in de jaren 1970s, stond op de 6e plaats in de wereld. De waarde van de industrie per hoofd in Liechtenstein was in 6,6 keer hoger dan de industrie per hoofd van de bevolking in de wereld ($480,5), en was in 2,8 keer hoger dan de industrie per hoofd van de bevolking in Europa ($480,5).

De groei van de industrie in Liechtenstein bedroeg 2.9% in de jaren 1970, stond op de 132e plaats in de wereld, en was vergelijkbaar met Laos (2,9%), El Salvador (2,9%). De groei van de industrie in Liechtenstein (2,9%) was minder dan de groei van de industrie in de wereld (4,0%), was minder dan de groei van de industrie in Europa (3,6%).

Vergelijking met buren. De industrie van Liechtenstein was minder dan in Zwitserland (US$16,1 miljard) en in Oostenrijk (US$10,8 miljard). De toegevoegde waarde van de industrie per hoofd in Liechtenstein was groter dan in Zwitserland (US$2,6 duizend) en in Oostenrijk (US$1.423,9). De groei van de industrie in Liechtenstein was groter dan in Zwitserland (0,78%); maar minder dan in Oostenrijk (3,8%).

Vergelijking met leiders. De industrie van Liechtenstein was minder dan in de Verenigde Staten (US$450,4 miljard), in de Sovjet-Unie (US$248,8 miljard), in Japan (US$185,6 miljard), in Duitsland (US$158,4 miljard) en in het Verenigd Koninkrijk (US$72,6 miljard). De toegevoegde waarde van de industrie per hoofd in Liechtenstein was groter dan in de Verenigde Staten (US$2,1 duizend), in Duitsland (US$2,0 duizend), in Japan (US$1.666,5), in het Verenigd Koninkrijk (US$1.295,1) en in de Sovjet-Unie (US$986,6). De groei van de industrie in Liechtenstein was groter dan in de Verenigde Staten (2,4%), in Duitsland (2,1%) en in het Verenigd Koninkrijk (1,9%); maar minder dan in de Sovjet-Unie (5,2%) en in Japan (4,5%).

de jaren 1980

De waarde van de industrie in Liechtenstein bedroeg in de jaren 1980 US$208,1 miljoen per jaar, stond op de 132e plaats in de wereld, en was vergelijkbaar met de Bahama's (US$205,8 miljoen). Het aandeel in de wereld was 0,0050%, en 0,014% in Europa.

Het aandeel van de industrie in de economie van Liechtenstein was 24,6% in de jaren 1980, stond op de 80e plaats in de wereld, en was vergelijkbaar met Zwitserland (24,7%), Sri Lanka (24,7%), Ecuador (24,7%).

De waarde van de industrie per hoofd in Liechtenstein was $7.658,1 in de jaren 1980s, stond op de 4e plaats in de wereld. De toegevoegde waarde van de industrie per hoofd in Liechtenstein was in 8,9 keer hoger dan de industrie per hoofd van de bevolking in de wereld ($861,8), en was in 4,0 keer hoger dan de industrie per hoofd van de bevolking in Europa ($861,8).

De groei van de industrie in Liechtenstein bedroeg 3.2% in de jaren 1980, stond op de 86e plaats in de wereld, en was vergelijkbaar met Portugal (3,2%). De groei van de industrie in Liechtenstein (3,2%) was groter dan de groei van de industrie in de wereld (2,3%), was groter dan de groei van de industrie in Europa (2,3%).

Vergelijking met buren. De sector van de industrie in Liechtenstein was minder dan in Zwitserland (US$35,1 miljard) en in Oostenrijk (US$22,3 miljard). De sector van de industrie per hoofd in Liechtenstein was groter dan in Zwitserland (US$5,5 duizend) en in Oostenrijk (US$2,9 duizend). De groei van de industrie in Liechtenstein was groter dan in Oostenrijk (2,1%) en in Zwitserland (1,5%).

Vergelijking met leiders. De waarde van de industrie in Liechtenstein was minder dan in de Verenigde Staten (US$1,0 biljoen), in Japan (US$566,4 miljard), in de Sovjet-Unie (US$305,7 miljard), in Duitsland (US$297,5 miljard) en in het Verenigd Koninkrijk (US$171,2 miljard). De industrie per hoofd in Liechtenstein was groter dan in Japan (US$4,7 duizend), in de Verenigde Staten (US$4,2 duizend), in Duitsland (US$3,8 duizend), in het Verenigd Koninkrijk (US$3,0 duizend) en in de Sovjet-Unie (US$1.110,8). De groei van de industrie in Liechtenstein was groter dan in de Verenigde Staten (1,9%), in het Verenigd Koninkrijk (1,4%) en in Duitsland (1,2%); maar minder dan in de Sovjet-Unie (5,3%) en in Japan (4,2%).

de jaren 1990

De toegevoegde waarde van de industrie in Liechtenstein bedroeg in de jaren 1990 US$601,5 miljoen per jaar, stond op de 130e plaats in de wereld, en was vergelijkbaar met Macau (US$591,1 miljoen), Noord-Macedonië (US$615,7 miljoen). Het aandeel in de wereld was 0,0090%, en 0,028% in Europa.

Het aandeel van de industrie in de economie van Liechtenstein was 27,3% in de jaren 1990, stond op de 59e plaats in de wereld, en was vergelijkbaar met Bolivia (27,3%), Japan (27,5%), Moldavië (27,5%).

De toegevoegde waarde van de industrie per hoofd in Liechtenstein was $19.589,2 in de jaren 1990s, stond op de 1e plaats in de wereld. De industrie per hoofd in Liechtenstein was in 16,7 keer hoger dan de industrie per hoofd van de bevolking in de wereld ($1.175,6), en was in 6,6 keer hoger dan de industrie per hoofd van de bevolking in Europa ($1.175,6).

De groei van de industrie in Liechtenstein bedroeg 9.7% in de jaren 1990, stond op de 22e plaats in de wereld. De groei van de industrie in Liechtenstein (9,7%) was groter dan de groei van de industrie in de wereld (2,5%), was groter dan de groei van de industrie in Europa (0,0047%).

Vergelijking met buren. De industrie van Liechtenstein was minder dan in Zwitserland (US$66,1 miljard) en in Oostenrijk (US$44,8 miljard). De industrie per hoofd in Liechtenstein was groter dan in Zwitserland (US$9,5 duizend) en in Oostenrijk (US$5,6 duizend). De groei van de industrie in Liechtenstein was groter dan in Oostenrijk (2,7%) en in Zwitserland (1,9%).

Vergelijking met leiders. De toegevoegde waarde van de industrie in Liechtenstein was minder dan in de Verenigde Staten (US$1,5 biljoen), in Japan (US$1,2 biljoen), in Duitsland (US$534,0 miljard), in China (US$285,9 miljard) en in het Verenigd Koninkrijk (US$268,6 miljard). De sector van de industrie per hoofd in Liechtenstein was groter dan in Japan (US$9,4 duizend), in Duitsland (US$6,6 duizend), in de Verenigde Staten (US$5,7 duizend), in het Verenigd Koninkrijk (US$4,6 duizend) en in China (US$231,9). De groei van de industrie in Liechtenstein was groter dan in de Verenigde Staten (2,8%), in Japan (1,3%), in het Verenigd Koninkrijk (1,2%) en in Duitsland (0,33%); maar minder dan in China (13,1%).

de jaren 2000

De sector van de industrie in Liechtenstein bedroeg in de jaren 2000 US$1,5 miljard per jaar, stond op de 122e plaats in de wereld, en was vergelijkbaar met Cyprus (US$1,5 miljard), Tsjaad (US$1,5 miljard), Jamaica (US$1,5 miljard). Het aandeel in de wereld was 0,015%, en 0,052% in Europa.

Het aandeel van de industrie in de economie van Liechtenstein was 41,7% in de jaren 2000, stond op de 18e plaats in de wereld, en was vergelijkbaar met Maleisië (42,1%), Venezuela (41,3%).

De toegevoegde waarde van de industrie per hoofd in Liechtenstein was $43.740,1 in de jaren 2000s, stond op de 1e plaats in de wereld. De industrie per hoofd in Liechtenstein was in 27,8 keer hoger dan de industrie per hoofd van de bevolking in de wereld ($1.573,8), en was in 10,9 keer hoger dan de industrie per hoofd van de bevolking in Europa ($1.573,8).

De groei van de industrie in Liechtenstein bedroeg 1.9% in de jaren 2000, stond op de 121e plaats in de wereld, en was vergelijkbaar met Australazië (1,9%), Israël (1,9%). De groei van de industrie in Liechtenstein (1,9%) was minder dan de groei van de industrie in de wereld (2,9%), was groter dan de groei van de industrie in Europa (0,63%).

Vergelijking met buren. De sector van de industrie in Liechtenstein was minder dan in Zwitserland (US$87,3 miljard) en in Oostenrijk (US$63,8 miljard). De sector van de industrie per hoofd in Liechtenstein was groter dan in Zwitserland (US$11,8 duizend) en in Oostenrijk (US$7,8 duizend). De groei van de industrie in Liechtenstein was groter dan in Oostenrijk (1,4%) en in Zwitserland (1,1%).

Vergelijking met leiders. De waarde van de industrie in Liechtenstein was minder dan in de Verenigde Staten (US$2,1 biljoen), in Japan (US$1,1 biljoen), in China (US$1,1 biljoen), in Duitsland (US$629,4 miljard) en in het Verenigd Koninkrijk (US$345,1 miljard). De industrie per hoofd in Liechtenstein was groter dan in Japan (US$8,8 duizend), in Duitsland (US$7,7 duizend), in de Verenigde Staten (US$7,1 duizend), in het Verenigd Koninkrijk (US$5,7 duizend) en in China (US$795,3). De groei van de industrie in Liechtenstein was groter dan in de Verenigde Staten (1,5%), in Duitsland (0,19%), in Japan (0,15%) en in het Verenigd Koninkrijk (-1,1%); maar minder dan in China (11,1%).

de jaren 2010

De sector van de industrie in Liechtenstein bedroeg in de jaren 2010 US$2,5 miljard per jaar, stond op de 127e plaats in de wereld. Het aandeel in de wereld was 0,014%, en 0,065% in Europa.

Het aandeel van de industrie in de economie van Liechtenstein was 40,1% in de jaren 2010, stond op de 18e plaats in de wereld, en was vergelijkbaar met Trinidad en Tobago (40,1%).

De waarde van de industrie per hoofd in Liechtenstein was $66.252,7 in de jaren 2010s, stond op de 1e plaats in de wereld. De industrie per hoofd in Liechtenstein was in 28,5 keer hoger dan de industrie per hoofd van de bevolking in de wereld ($2.320,9), en was in 13,0 keer hoger dan de industrie per hoofd van de bevolking in Europa ($2.320,9).

De groei van de industrie in Liechtenstein bedroeg 1.9% in de jaren 2010, stond op de 135e plaats in de wereld, en was vergelijkbaar met Grenada (1,9%). De groei van de industrie in Liechtenstein (1,9%) was minder dan de groei van de industrie in de wereld (3,5%), was minder dan de groei van de industrie in Europa (2,0%).

Vergelijking met buren. De industrie van Liechtenstein was 56,9 keer minder dan in Zwitserland (US$140,2 miljard) en 33,6 keer minder dan in Oostenrijk (US$82,8 miljard). De sector van de industrie per hoofd in Liechtenstein was 3,9 keer groter dan in Zwitserland (US$17,0 duizend) en 6,9 keer groter dan in Oostenrijk (US$9,6 duizend). De groei van de industrie in Liechtenstein was minder dan in Oostenrijk (3,0%) en in Zwitserland (3,0%).

Vergelijking met leiders. De sector van de industrie in Liechtenstein was 1.494,7 keer minder dan in China (US$3,7 biljoen), 1.112,6 keer minder dan in de Verenigde Staten (US$2,7 biljoen), 483,1 keer minder dan in Japan (US$1,2 biljoen), 340,9 keer minder dan in Duitsland (US$840,0 miljard) en 179,9 keer minder dan in India (US$443,4 miljard). De toegevoegde waarde van de industrie per hoofd in Liechtenstein was 6,5 keer groter dan in Duitsland (US$10,3 duizend), 7,1 keer groter dan in Japan (US$9,3 duizend), 7,7 keer groter dan in de Verenigde Staten (US$8,6 duizend), 25,2 keer groter dan in China (US$2,6 duizend) en 194,5 keer groter dan in India (US$340,6). De groei van de industrie in Liechtenstein was minder dan in China (7,5%), in India (6,5%), in Duitsland (3,2%), in Japan (2,6%) en in de Verenigde Staten (2,2%).

Hoofdstuk 5.1. Fabricage

(ISIC D)

De waarde van de fabricage in Liechtenstein steeg van US$64,3 miljoen per jaar in de jaren 1970 tot US$2,4 miljard per jaar in de jaren 2010, dat wil zeggen met US$2,3 miljard of 36,9 keer. De verandering vond plaats op US$2,0 miljard als gevolg van een 6,2-voudige stijging van de prijzen, en ook op US$280,6 miljoen als gevolg van een 3,7-voudige toename van de productiviteit , evenals op US$38,4 miljoen als gevolg van de toename van de bevolking. De gemiddelde jaarlijkse groei van de fabricage is 4,1%. De minimumwaarde van de fabricage bedroeg US$23,9 miljoen in 1970. De maximumwaarde van de fabricage bedroeg US$2,5 miljard in 2019.

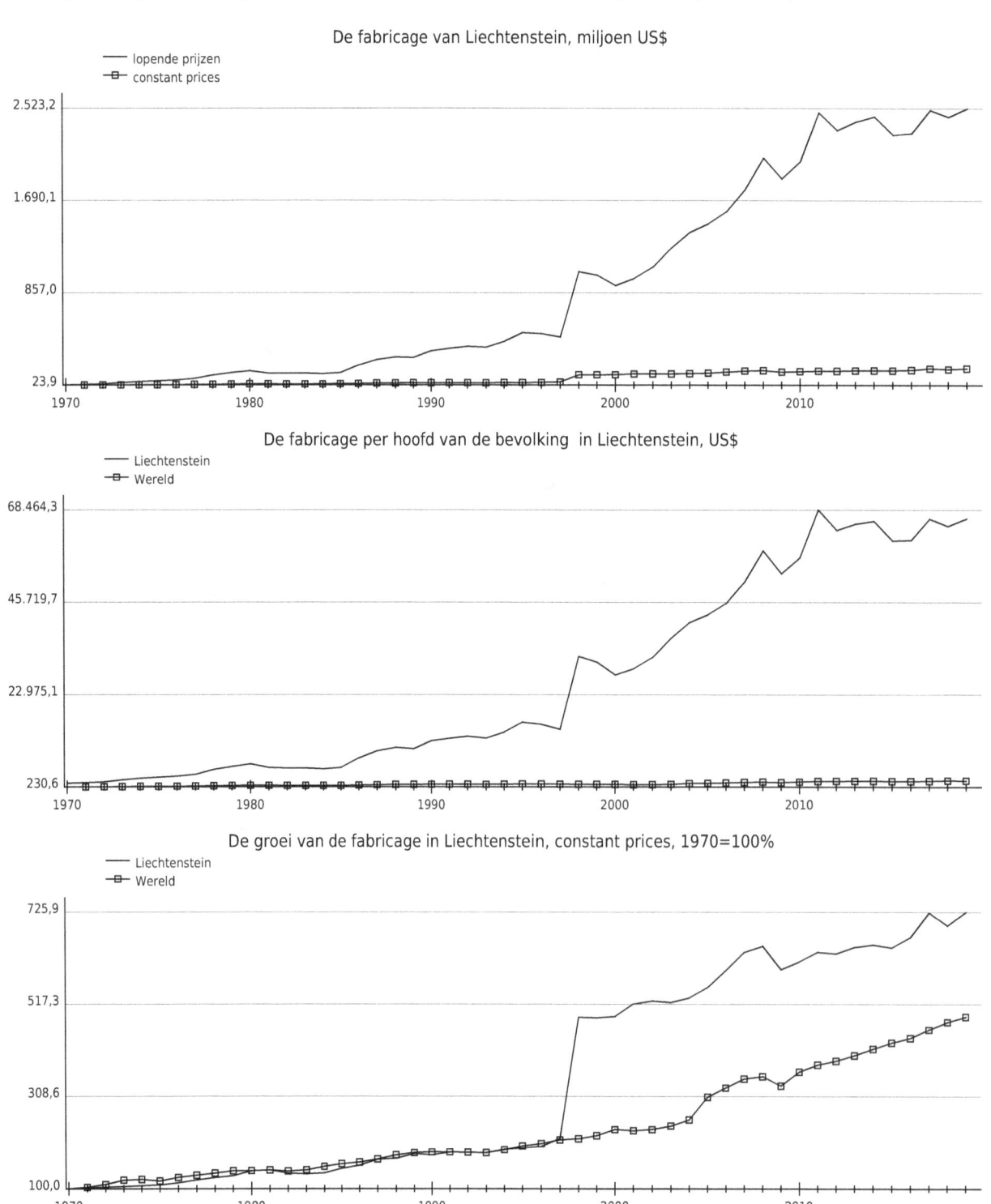

De fabricage van Liechtenstein, miljoen US$

De fabricage per hoofd van de bevolking in Liechtenstein, US$

De groei van de fabricage in Liechtenstein, constant prices, 1970=100%

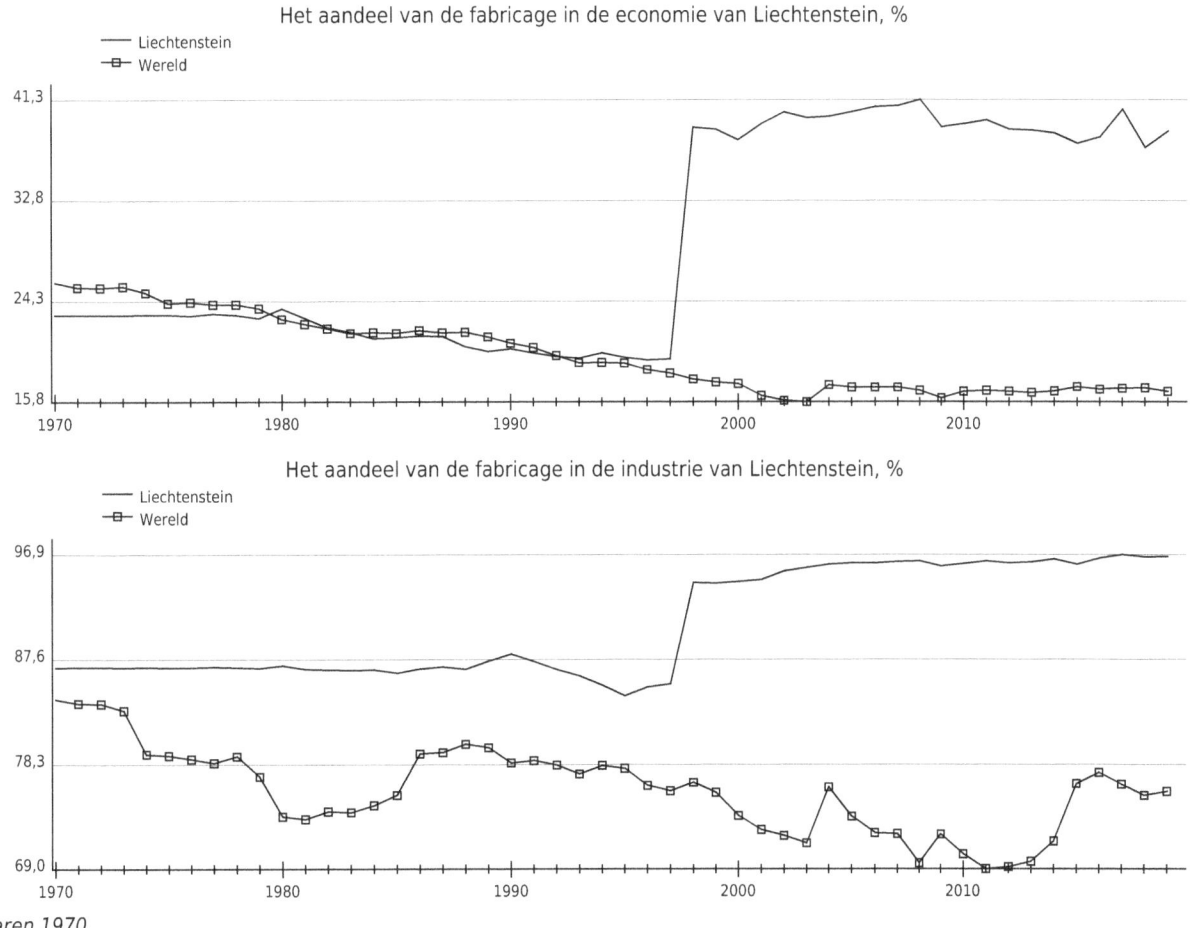

Het aandeel van de fabricage in de economie van Liechtenstein, %

Het aandeel van de fabricage in de industrie van Liechtenstein, %

de jaren 1970

De fabricage van Liechtenstein bedroeg in de jaren 1970 US$64,3 miljoen per jaar, stond op de 124e plaats in de wereld. Het aandeel in de wereld was 0,0042%, en 0,0087% in Europa.

Het aandeel van de fabricage in de economie van Liechtenstein was 23,1% in de jaren 1970, stond op de 35e plaats in de wereld, en was vergelijkbaar met Zuid-Korea (23,1%), Zwitserland (23,1%), het Verenigd Koninkrijk (23,1%).

De fabricage per hoofd in Liechtenstein was $2.761,5 in de jaren 1970s, stond op de 2e plaats in de wereld. De fabricage per hoofd in Liechtenstein was in 7,2 keer hoger dan de fabricage per hoofd van de bevolking in de wereld ($383,2), en was in 2,7 keer hoger dan de fabricage per hoofd van de bevolking in Europa ($383,2).

De groei van de fabricage in Liechtenstein bedroeg 2.9% in de jaren 1970, stond op de 137e plaats in de wereld, en was vergelijkbaar met Papoea-Nieuw-Guinea (2,9%). De groei van de fabricage in Liechtenstein (2,9%) was minder dan de groei van de fabricage in de wereld (3,8%), was minder dan de groei van de fabricage in Europa (3,5%).

Vergelijking met buren. De toegevoegde waarde van de fabricage in Liechtenstein was minder dan in Zwitserland (US$14,0 miljard) en in Oostenrijk (US$9,2 miljard). De toegevoegde waarde van de fabricage per hoofd in Liechtenstein was groter dan in Zwitserland (US$2,2 duizend) en in Oostenrijk (US$1.215,4). De groei van de fabricage in Liechtenstein was groter dan in Zwitserland (0,76%); maar minder dan in Oostenrijk (3,7%).

Vergelijking met leiders. De sector van de fabricage in Liechtenstein was minder dan in de Verenigde Staten (US$378,0 miljard), in de Sovjet-Unie (US$248,8 miljard), in Japan (US$169,3 miljard), in Duitsland (US$138,0 miljard) en in Frankrijk (US$64,5 miljard). De sector van de fabricage per hoofd in Liechtenstein was groter dan in Duitsland (US$1.752,1), in de Verenigde Staten (US$1.731,8), in Japan (US$1.520,6), in Frankrijk (US$1.203,0) en in de Sovjet-Unie (US$986,6). De groei van de fabricage in Liechtenstein was groter dan in de Verenigde Staten (2,7%) en in Duitsland (2,1%); maar minder dan in de Sovjet-Unie (5,2%), in Japan (4,5%) en in Frankrijk (3,5%).

de jaren 1980

De fabricage van Liechtenstein bedroeg in de jaren 1980 US$180,7 miljoen per jaar, stond op de 121e plaats in de wereld, en was vergelijkbaar met Papoea-Nieuw-Guinea (US$179,8 miljoen), Swaziland (US$178,7 miljoen), de Centraal-Afrikaanse Republiek (US$184,2 miljoen). Het aandeel in de wereld was 0,0057%, en 0,014% in Europa.

Het aandeel van de fabricage in de economie van Liechtenstein was 21,4% in de jaren 1980, stond op de 41e plaats in de wereld, en was vergelijkbaar met Malawi (21,3%), Sri Lanka (21,3%), Zwitserland (21,4%).

De fabricage per hoofd in Liechtenstein was $6.650,1 in de jaren 1980s, stond op de 2e plaats in de wereld, en was vergelijkbaar met San Marino (US$6,8 duizend). De waarde van de fabricage per hoofd in Liechtenstein was in 10,1 keer hoger dan de fabricage per hoofd van de bevolking in de wereld ($661,2), en was in 4,0 keer hoger dan de fabricage per hoofd van de bevolking in Europa ($661,2).

De groei van de fabricage in Liechtenstein bedroeg 3.3% in de jaren 1980, stond op de 84e plaats in de wereld, en was vergelijkbaar met Zambia (3,3%), Soedan (3,3%). De groei van de fabricage in Liechtenstein (3,3%) was groter dan de groei van de fabricage in de wereld (2,6%), was groter dan de groei van de fabricage in Europa (2,1%).

Vergelijking met buren. De fabricage van Liechtenstein was minder dan in Zwitserland (US$30,5 miljard) en in Oostenrijk (US$18,4 miljard). De sector van de fabricage per hoofd in Liechtenstein was groter dan in Zwitserland (US$4,7 duizend) en in Oostenrijk (US$2,4 duizend). De groei van de fabricage in Liechtenstein was groter dan in Oostenrijk (2,5%) en in Zwitserland (1,5%).

Vergelijking met leiders. De fabricage van Liechtenstein was minder dan in de Verenigde Staten (US$789,4 miljard), in Japan (US$501,0 miljard), in de Sovjet-Unie (US$305,7 miljard), in Duitsland (US$258,7 miljard) en in Italië (US$134,1 miljard). De waarde van de fabricage per hoofd in Liechtenstein was groter dan in Japan (US$4,1 duizend), in Duitsland (US$3,3 duizend), in de Verenigde Staten (US$3,3 duizend), in Italië (US$2,4 duizend) en in de Sovjet-Unie (US$1.110,8). De groei van de fabricage in Liechtenstein was groter dan in Italië (2,5%), in de Verenigde Staten (1,9%) en in Duitsland (1,2%); maar minder dan in de Sovjet-Unie (5,3%) en in Japan (4,4%).

de jaren 1990

De waarde van de fabricage in Liechtenstein bedroeg in de jaren 1990 US$535,1 miljoen per jaar, stond op de 116e plaats in de wereld, en was vergelijkbaar met Burkina Faso (US$526,4 miljoen). Het aandeel in de wereld was 0,010%, en 0,030% in Europa.

Het aandeel van de fabricage in de economie van Liechtenstein was 24,3% in de jaren 1990, stond op de 21e plaats in de wereld, en was vergelijkbaar met Japan (24,3%), Zuidoost-Azië (24,3%), de Caraïben (24,4%).

De waarde van de fabricage per hoofd in Liechtenstein was $17.428,1 in de jaren 1990s, stond op de 1e plaats in de wereld. De waarde van de fabricage per hoofd in Liechtenstein was in 19,2 keer hoger dan de fabricage per hoofd van de bevolking in de wereld ($908,4), en was in 7,1 keer hoger dan de fabricage per hoofd van de bevolking in Europa ($908,4).

De groei van de fabricage in Liechtenstein bedroeg 10.5% in de jaren 1990, stond op de 14e plaats in de wereld, en was vergelijkbaar met Cambodja (10,6%). De groei van de fabricage in Liechtenstein (10,5%) was groter dan de groei van de fabricage in de wereld (2,0%), was groter dan de groei van de fabricage in Europa (0,24%).

Vergelijking met buren. De toegevoegde waarde van de fabricage in Liechtenstein was minder dan in Zwitserland (US$56,8 miljard) en in Oostenrijk (US$37,1 miljard). De fabricage per hoofd in Liechtenstein was groter dan in Zwitserland (US$8,2 duizend) en in Oostenrijk (US$4,7 duizend). De groei van de fabricage in Liechtenstein was groter dan in Oostenrijk (2,7%) en in Zwitserland (1,8%).

Vergelijking met leiders. De fabricage van Liechtenstein was minder dan in de Verenigde Staten (US$1,2 biljoen), in Japan (US$1,0 biljoen), in Duitsland (US$468,8 miljard), in Italië (US$227,8 miljard) en in Frankrijk (US$215,0 miljard). De waarde van de fabricage per hoofd in Liechtenstein was groter dan in Japan (US$8,3 duizend), in Duitsland (US$5,8 duizend), in de Verenigde Staten (US$4,7 duizend), in Italië (US$4,0 duizend) en in Frankrijk (US$3,6 duizend). De groei van de fabricage in Liechtenstein was groter dan in de Verenigde Staten (3,2%), in Frankrijk (2,4%), in Italië (1,2%), in Japan (1,1%) en in Duitsland (0,26%).

de jaren 2000

De toegevoegde waarde van de fabricage in Liechtenstein bedroeg in de jaren 2000 US$1,4 miljard per jaar, stond op de 102e plaats in de wereld, en was vergelijkbaar met Melanesië (US$1,4 miljard). Het aandeel in de wereld was 0,020%, en 0,063% in Europa.

Het aandeel van de fabricage in de economie van Liechtenstein was 40,0% in de jaren 2000, stond op de 3e plaats in de wereld.

De waarde van de fabricage per hoofd in Liechtenstein was $41.917,6 in de jaren 2000s, stond op de 1e plaats in de wereld. De waarde van de fabricage per hoofd in Liechtenstein was in 36,8 keer hoger dan de fabricage per hoofd van de bevolking in de wereld ($1.138,1), en was in 13,3 keer hoger dan de fabricage per hoofd van de bevolking in Europa ($1.138,1).

De groei van de fabricage in Liechtenstein bedroeg 2% in de jaren 2000, stond op de 122e plaats in de wereld, en was vergelijkbaar met Moldavië (2,1%). De groei van de fabricage in Liechtenstein (2,0%) was minder dan de groei van de fabricage in de wereld (4,2%), was groter dan de groei van de fabricage in Europa (0,69%).

Vergelijking met buren. De sector van de fabricage in Liechtenstein was minder dan in Zwitserland (US$77,8 miljard) en in Oostenrijk (US$53,4 miljard). De toegevoegde waarde van de fabricage per hoofd in Liechtenstein was groter dan in Zwitserland (US$10,5 duizend) en in Oostenrijk (US$6,5 duizend). De groei van de fabricage in Liechtenstein was groter dan in Zwitserland (1,7%) en in Oostenrijk (1,6%).

Vergelijking met leiders. De sector van de fabricage in Liechtenstein was minder dan in de Verenigde Staten (US$1,6 biljoen), in China (US$1,1 biljoen), in Japan (US$992,9 miljard), in Duitsland (US$551,4 miljard) en in Italië (US$277,2 miljard). De sector van de fabricage per hoofd in Liechtenstein was groter dan in Japan (US$7,7 duizend), in Duitsland (US$6,8 duizend), in de Verenigde Staten (US$5,6 duizend), in Italië (US$4,8 duizend) en in China (US$815,3). De groei van de fabricage in Liechtenstein was groter dan in de Verenigde Staten (1,6%), in Japan (0,32%), in Duitsland (0,097%) en in Italië (-1,3%).

de jaren 2010

De waarde van de fabricage in Liechtenstein bedroeg in de jaren 2010 US$2,4 miljard per jaar, stond op de 108e plaats in de wereld, en was vergelijkbaar met Oeganda (US$2,4 miljard). Het aandeel in de wereld was 0,019%, en 0,082% in Europa.

Het aandeel van de fabricage in de economie van Liechtenstein was 38,7% in de jaren 2010, stond op de 3e plaats in de wereld.

De fabricage per hoofd in Liechtenstein was $63.880,8 in de jaren 2010s, stond op de 1e plaats in de wereld. De fabricage per hoofd in Liechtenstein was in 37,6 keer hoger dan de fabricage per hoofd van de bevolking in de wereld ($1.697,4), en was in 16,4 keer hoger dan de fabricage per hoofd van de bevolking in Europa ($1.697,4).

De groei van de fabricage in Liechtenstein bedroeg 2% in de jaren 2010, stond op de 136e plaats in de wereld. De groei van de fabricage in Liechtenstein (2,0%) was minder dan de groei van de fabricage in de wereld (3,9%), was minder dan de groei van de fabricage in Europa (2,5%).

Vergelijking met buren. De waarde van de fabricage in Liechtenstein was 53,3 keer minder dan in Zwitserland (US$126,7 miljard) en 29,5 keer minder dan in Oostenrijk (US$70,1 miljard). De waarde van de fabricage per hoofd in Liechtenstein was 4,1 keer groter dan in Zwitserland (US$15,4 duizend) en 7,9 keer groter dan in Oostenrijk (US$8,1 duizend). De groei van de fabricage in Liechtenstein was minder dan in Zwitserland (3,6%) en in Oostenrijk (3,5%).

Vergelijking met leiders. De sector van de fabricage in Liechtenstein was 1.311,2 keer minder dan in China (US$3,1 biljoen), 871,5 keer minder dan in de Verenigde Staten (US$2,1 biljoen), 446,2 keer minder dan in Japan (US$1,1 biljoen), 309,5 keer minder dan in Duitsland (US$735,2 miljard) en 164,4 keer minder dan in Zuid-Korea (US$390,5 miljard). De fabricage per hoofd in Liechtenstein was 7,1 keer groter dan in Duitsland (US$9,0 duizend), 7,7 keer groter dan in Japan (US$8,3 duizend), 8,3 keer groter dan in Zuid-Korea (US$7,7 duizend), 9,9 keer groter dan in de Verenigde Staten (US$6,5 duizend) en 28,8 keer groter dan in China (US$2,2 duizend). De groei van de fabricage in Liechtenstein was groter dan in de Verenigde Staten (1,9%); maar minder dan in China (7,5%), in Zuid-Korea (3,8%), in Duitsland (3,5%) en in Japan (3,0%).

Hoofdstuk VI. Constructie

(ISIC F)

De sector van de constructie in Liechtenstein steeg van US$21,7 miljoen per jaar in de jaren 1970 tot US$241,8 miljoen per jaar in de jaren 2010, dat wil zeggen met US$220,2 miljoen of 11,2 keer. De verandering vond plaats op US$202,8 miljoen als gevolg van een 6,2-voudige stijging van de prijzen, en ook op US$4,5 miljoen als gevolg van een 1,1-voudige toename van de productiviteit , evenals op US$12,9 miljoen als gevolg van de toename van de bevolking. De gemiddelde jaarlijkse groei van de constructie is 1,7%. De minimumwaarde van de constructie bedroeg US$8,0 miljoen in 1970. De maximumwaarde van de constructie bedroeg US$266,2 miljoen in 2019.

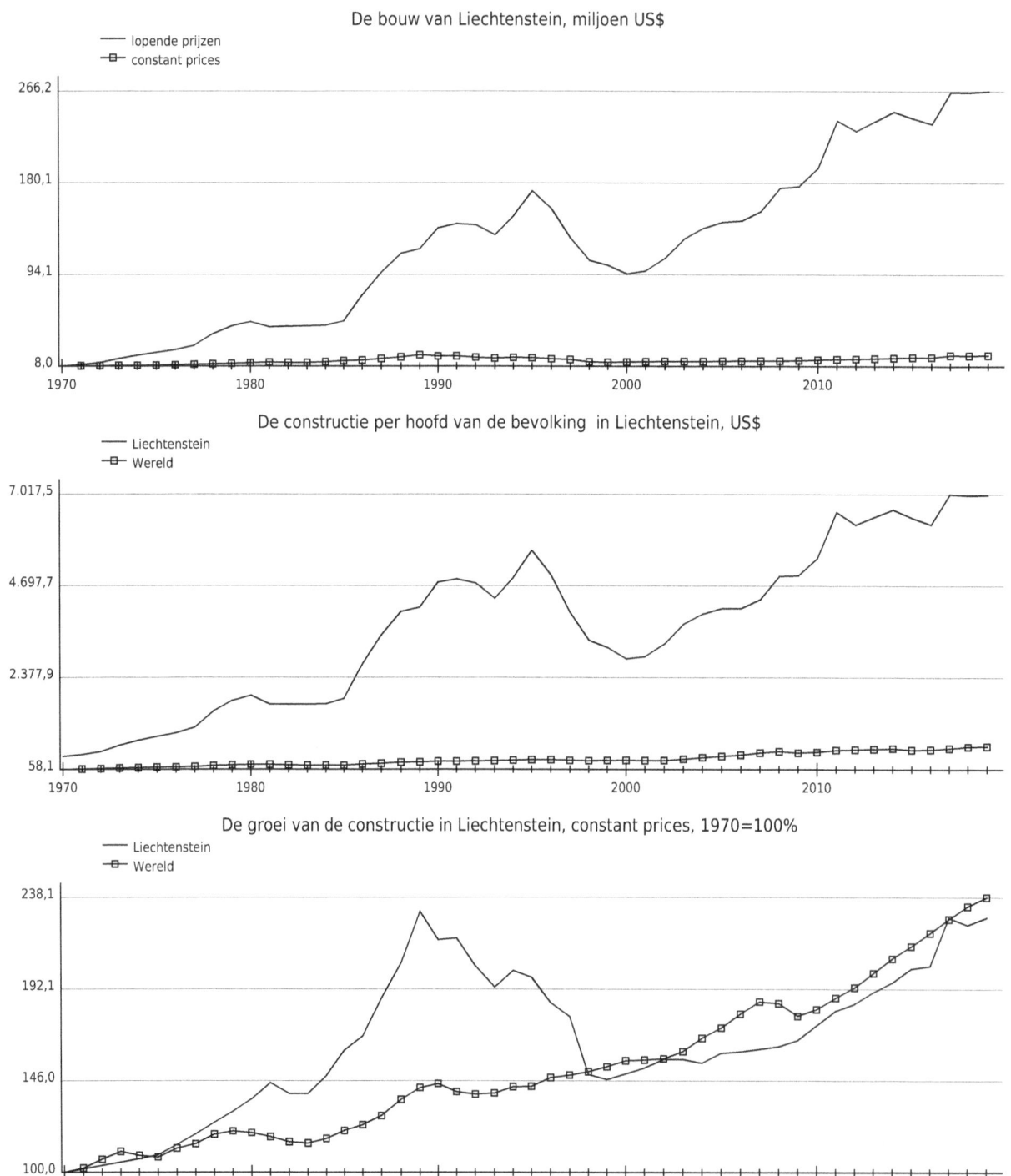

De bouw van Liechtenstein, miljoen US$

De constructie per hoofd van de bevolking in Liechtenstein, US$

De groei van de constructie in Liechtenstein, constant prices, 1970=100%

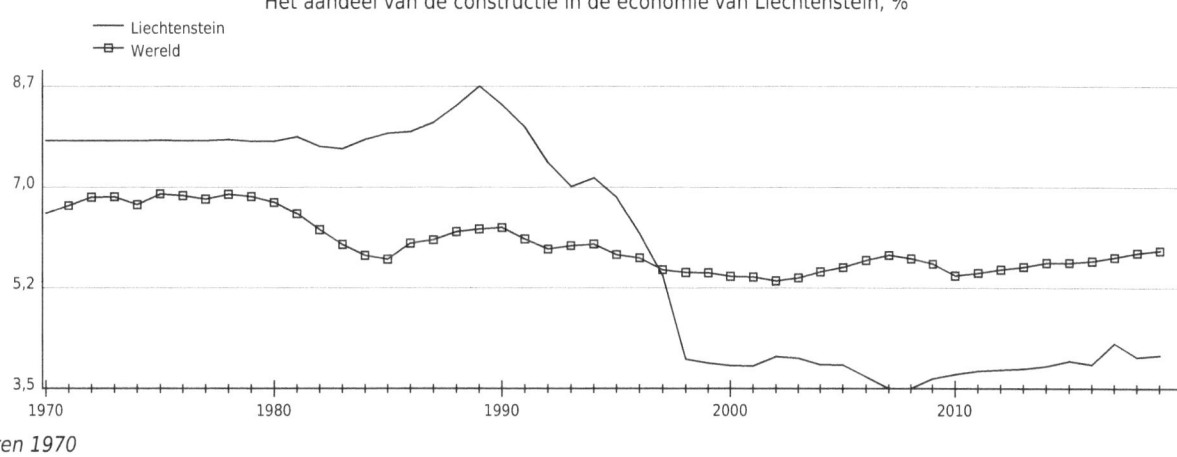

Het aandeel van de constructie in de economie van Liechtenstein, %

de jaren 1970

De sector van de constructie in Liechtenstein bedroeg in de jaren 1970 US$21,7 miljoen per jaar, stond op de 135e plaats in de wereld, en was vergelijkbaar met Sierra Leone (US$21,6 miljoen), Benin (US$21,4 miljoen), Mali (US$21,3 miljoen). Het aandeel in de wereld was 0,0051%, en 0,011% in Europa.

Het aandeel van de constructie in de economie van Liechtenstein was 7,8% in de jaren 1970, stond op de 57e plaats in de wereld, en was vergelijkbaar met Zwitserland (7,8%), Kameroen (7,8%), Saoedi-Arabië (7,8%).

De waarde van de constructie per hoofd in Liechtenstein was $929,9 in de jaren 1970s, stond op de 4e plaats in de wereld. De waarde van de constructie per hoofd in Liechtenstein was in 8,8 keer hoger dan de constructie per hoofd van de bevolking in de wereld ($106,1), en was in 3,3 keer hoger dan de constructie per hoofd van de bevolking in Europa ($106,1).

De groei van de constructie in Liechtenstein bedroeg 3% in de jaren 1970, stond op de 118e plaats in de wereld, en was vergelijkbaar met Laos (3,0%), Guinee (3,0%). De groei van de constructie in Liechtenstein (3,0%) was groter dan de groei van de constructie in de wereld (2,1%), was groter dan de groei van de constructie in Europa (1,3%).

Vergelijking met buren. De constructie van Liechtenstein was minder dan in Zwitserland (US$4,7 miljard) en in Oostenrijk (US$3,2 miljard). De toegevoegde waarde van de constructie per hoofd in Liechtenstein was groter dan in Zwitserland (US$748,5) en in Oostenrijk (US$417,9). De groei van de constructie in Liechtenstein was groter dan in Zwitserland (0,83%); maar minder dan in Oostenrijk (3,2%).

Vergelijking met leiders. De sector van de constructie in Liechtenstein was minder dan in de Verenigde Staten (US$81,1 miljard), in de Sovjet-Unie (US$52,5 miljard), in Japan (US$43,5 miljard), in Duitsland (US$33,8 miljard) en in Frankrijk (US$22,4 miljard). De sector van de constructie per hoofd in Liechtenstein was groter dan in Duitsland (US$428,6), in Frankrijk (US$417,3), in Japan (US$390,8), in de Verenigde Staten (US$371,5) en in de Sovjet-Unie (US$208,1). De groei van de constructie in Liechtenstein was groter dan in Frankrijk (2,0%), in Duitsland (0,66%) en in de Verenigde Staten (0,31%); maar minder dan in de Sovjet-Unie (6,5%) en in Japan (3,4%).

de jaren 1980

De sector van de constructie in Liechtenstein bedroeg in de jaren 1980 US$68,4 miljoen per jaar, stond op de 126e plaats in de wereld, en was vergelijkbaar met Mali (US$68,3 miljoen), Zambia (US$67,9 miljoen), Mauritius (US$67,6 miljoen). Het aandeel in de wereld was 0,0076%, en 0,019% in Europa.

Het aandeel van de constructie in de economie van Liechtenstein was 8,1% in de jaren 1980, stond op de 35e plaats in de wereld, en was vergelijkbaar met Bahrein (8,1%), Tsjecho-Slowakije (8,1%), Sao Tomé en Principe (8,1%).

De constructie per hoofd in Liechtenstein was $2.518,1 in de jaren 1980s, stond op de 3e plaats in de wereld. De sector van de constructie per hoofd in Liechtenstein was in 13,5 keer hoger dan de constructie per hoofd van de bevolking in de wereld ($186,2), en was in 5,4 keer hoger dan constructie per hoofd van de bevolking in Europa ($186,2).

De groei van de constructie in Liechtenstein bedroeg 5.9% in de jaren 1980, stond op de 33e plaats in de wereld. De groei van de constructie in Liechtenstein (5,9%) was groter dan de groei van de constructie in de wereld (1,7%), was groter dan de groei van de constructie in Europa (1,9%).

Vergelijking met buren. De waarde van de constructie in Liechtenstein was minder dan in Zwitserland (US$11,5 miljard) en in Oostenrijk (US$6,0 miljard). De toegevoegde waarde van de constructie per hoofd in Liechtenstein was groter dan in Zwitserland (US$1.785,4) en in Oostenrijk (US$782,5). De groei van de constructie in Liechtenstein was groter dan in Zwitserland (3,3%) en in Oostenrijk (-0,57%).

Vergelijking met leiders. De constructie van Liechtenstein was minder dan in de Verenigde Staten (US$180,6 miljard), in Japan (US$138,7 miljard), in de Sovjet-Unie (US$72,1 miljard), in Duitsland (US$57,8 miljard) en in Frankrijk (US$42,5 miljard). De constructie per hoofd in Liechtenstein was groter dan in Japan (US$1.143,9), in de Verenigde Staten (US$754,4), in Frankrijk (US$751,9), in Duitsland (US$740,2) en in de Sovjet-Unie (US$262,0). De groei van de constructie in Liechtenstein was groter dan in Japan (2,1%), in de Verenigde Staten (1,1%), in Frankrijk (0,67%) en in Duitsland (-0,52%); maar minder dan in de Sovjet-Unie (6,2%).

de jaren 1990

De toegevoegde waarde van de constructie in Liechtenstein bedroeg in de jaren 1990 US$136,8 miljoen per jaar, stond op de 138e plaats in de wereld. Het aandeel in de wereld was 0,0086%, en 0,025% in Europa.

Het aandeel van de constructie in de economie van Liechtenstein was 6,2% in de jaren 1990, stond op de 76e plaats in de wereld, en was vergelijkbaar met Thailand (6,2%), Europa (6,2%), Griekenland (6,2%).

De waarde van de constructie per hoofd in Liechtenstein was $4.454,0 in de jaren 1990s, stond op de 2e plaats in de wereld. De toegevoegde waarde van de constructie per hoofd in Liechtenstein was in 16,0 keer hoger dan de constructie per hoofd van de bevolking in de wereld ($278,6), en was in 5,9 keer hoger dan de constructie per hoofd van de bevolking in Europa ($278,6).

De groei van de constructie in Liechtenstein bedroeg -4.4% in de jaren 1990, stond op de 180e plaats in de wereld, en was vergelijkbaar met de Centraal-Afrikaanse Republiek (-4,4%). De groei van de constructie in Liechtenstein (-4,4%) was minder dan de groei van de constructie in de wereld (0,71%), was minder dan de groei van de constructie in Europa (-1,7%).

Vergelijking met buren. De toegevoegde waarde van de constructie in Liechtenstein was minder dan in Zwitserland (US$19,3 miljard) en in Oostenrijk (US$14,4 miljard). De toegevoegde waarde van de constructie per hoofd in Liechtenstein was groter dan in Zwitserland (US$2,8 duizend) en in Oostenrijk (US$1.814,3). De groei van de constructie in Liechtenstein was minder dan in Oostenrijk (3,3%) en in Zwitserland (-2,7%).

Vergelijking met leiders. De toegevoegde waarde van de constructie in Liechtenstein was minder dan in Japan (US$343,2 miljard), in de Verenigde Staten (US$299,1 miljard), in Duitsland (US$125,2 miljard), in het Verenigd Koninkrijk (US$69,8 miljard) en in Frankrijk (US$68,8 miljard). De bouw per hoofd in Liechtenstein was groter dan in Japan (US$2,7 duizend), in Duitsland (US$1.552,3), in het Verenigd Koninkrijk (US$1.205,1), in Frankrijk (US$1.158,8) en in de Verenigde Staten (US$1.131,2). De groei van de constructie in Liechtenstein was minder dan in de Verenigde Staten (1,8%), in Duitsland (-0,047%), in het Verenigd Koninkrijk (-0,34%), in Frankrijk (-0,65%) en in Japan (-1,0%).

de jaren 2000

De waarde van de constructie in Liechtenstein bedroeg in de jaren 2000 US$136,0 miljoen per jaar, stond op de 156e plaats in de wereld, en was vergelijkbaar met Curaçao (US$137,1 miljoen). Het aandeel in de wereld was 0,0055%, en 0,016% in Europa.

Het aandeel van de constructie in de economie van Liechtenstein was 3,8% in de jaren 2000, stond op de 176e plaats in de wereld.

De toegevoegde waarde van de constructie per hoofd in Liechtenstein was $3.937,8 in de jaren 2000s, stond op de 6e plaats in de wereld. De waarde van de constructie per hoofd in Liechtenstein was in 10,3 keer hoger dan de constructie per hoofd van de bevolking in de wereld ($381,3), en was in 3,4 keer hoger dan de constructie per hoofd van de bevolking in Europa ($381,3).

De groei van de constructie in Liechtenstein bedroeg 1.3% in de jaren 2000, stond op de 164e plaats in de wereld, en was vergelijkbaar met Zuid-Europa (1,3%). De groei van de constructie in Liechtenstein (1,3%) was minder dan de groei van de constructie in de wereld (1,5%), was groter dan de groei van de constructie in Europa (0,97%).

Vergelijking met buren. De toegevoegde waarde van de constructie in Liechtenstein was minder dan in Zwitserland (US$19,8 miljard) en in Oostenrijk (US$19,0 miljard). De bouw per hoofd in Liechtenstein was groter dan in Zwitserland (US$2,7 duizend) en in Oostenrijk (US$2,3 duizend). De groei van de constructie in Liechtenstein was groter dan in Zwitserland (0,41%) en in Oostenrijk (-0,46%).

Vergelijking met leiders. De constructie van Liechtenstein was minder dan in de Verenigde Staten (US$583,0 miljard), in Japan (US$270,5 miljard), in China (US$150,1 miljard), in het Verenigd Koninkrijk (US$132,1 miljard) en in Spanje (US$111,8 miljard). De waarde van de constructie per hoofd in Liechtenstein was groter dan in Spanje (US$2,6 duizend), in het Verenigd Koninkrijk (US$2,2 duizend), in Japan (US$2,1 duizend), in de Verenigde Staten (US$1.983,7) en in China (US$113,1). De groei van de constructie in Liechtenstein was groter dan in het Verenigd Koninkrijk (0,17%), in de Verenigde Staten (-2,6%) en in Japan (-3,9%); maar minder dan in China (11,9%) en in Spanje (1,7%).

de jaren 2010

De bouw van Liechtenstein bedroeg in de jaren 2010 US$241,8 miljoen per jaar, stond op de 162e plaats in de wereld. Het aandeel in de wereld was 0,0058%, en 0,023% in Europa.

Het aandeel van de constructie in de economie van Liechtenstein was 3,9% in de jaren 2010, stond op de 170e plaats in de wereld, en was vergelijkbaar met Zuid-Afrika (3,9%), de FS van Micronesië (3,9%).

De sector van de constructie per hoofd in Liechtenstein was $6.502,8 in de jaren 2010s, stond op de 3e plaats in de wereld. De toegevoegde waarde van de constructie per hoofd in Liechtenstein was in 11,4 keer hoger dan de constructie per hoofd van de bevolking in de wereld ($572,1), en was in 4,6 keer hoger dan de constructie per hoofd van de bevolking in Europa ($572,1).

De groei van de constructie in Liechtenstein bedroeg 3.2% in de jaren 2010, stond op de 99e plaats in de wereld. De groei van de constructie in Liechtenstein (3,2%) was groter dan de groei van de constructie in de wereld (2,9%), was groter dan de groei van de constructie in Europa (0,50%).

Vergelijking met buren. De toegevoegde waarde van de constructie in Liechtenstein was 140,5 keer minder dan in Zwitserland (US$34,0 miljard) en 99,5 keer minder dan in Oostenrijk (US$24,1 miljard). De constructie per hoofd in Liechtenstein was 57,4% groter dan in Zwitserland (US$4,1 duizend) en 2,3 keer groter dan in Oostenrijk (US$2,8 duizend). De groei van de constructie in Liechtenstein was groter dan in Zwitserland (1,6%) en in Oostenrijk (-0,38%).

Vergelijking met leiders. De bouw van Liechtenstein was 3.022,9 keer minder dan in China (US$731,1 miljard), 2.814,9 keer minder dan in de Verenigde Staten (US$680,8 miljard), 1.152,2 keer minder dan in Japan (US$278,7 miljard), 695,0 keer minder dan in India (US$168,1 miljard) en 633,6 keer minder dan in Duitsland (US$153,2 miljard). De constructie per hoofd in Liechtenstein was 3,0 keer groter dan in Japan (US$2,2 duizend), 3,1 keer groter dan in de Verenigde Staten (US$2,1 duizend), 3,5 keer groter dan in Duitsland (US$1.871,9), 12,5 keer groter dan in China (US$521,3) en 50,4 keer groter dan in India (US$129,1). De groei van de constructie in Liechtenstein was groter dan in Duitsland (1,8%), in Japan (1,7%) en in de Verenigde Staten (1,4%); maar minder dan in China (8,2%) en in India (5,2%).

Hoofdstuk VII. Vervoer

Transport, opslag en communicatie (ISIC I)

De toegevoegde waarde van het transport in Liechtenstein steeg van US$25,4 miljoen per jaar in de jaren 1970 tot US$208,3 miljoen per jaar in de jaren 2010, dat wil zeggen met US$182,9 miljoen of 8,2 keer. De verandering vond plaats op US$174,6 miljoen als gevolg van een 6,2-voudige stijging van de prijzen, en ook op -US$6,9 miljoen als gevolg van een 1,2-voudige afname van de productiviteit , evenals op US$15,1 miljoen als gevolg van de toename van de bevolking. De gemiddelde jaarlijkse groei van het transport is 0,99%. De minimumwaarde van het transport bedroeg US$9,4 miljoen in 1970. De maximumwaarde van het transport bedroeg US$238,1 miljoen in 2018.

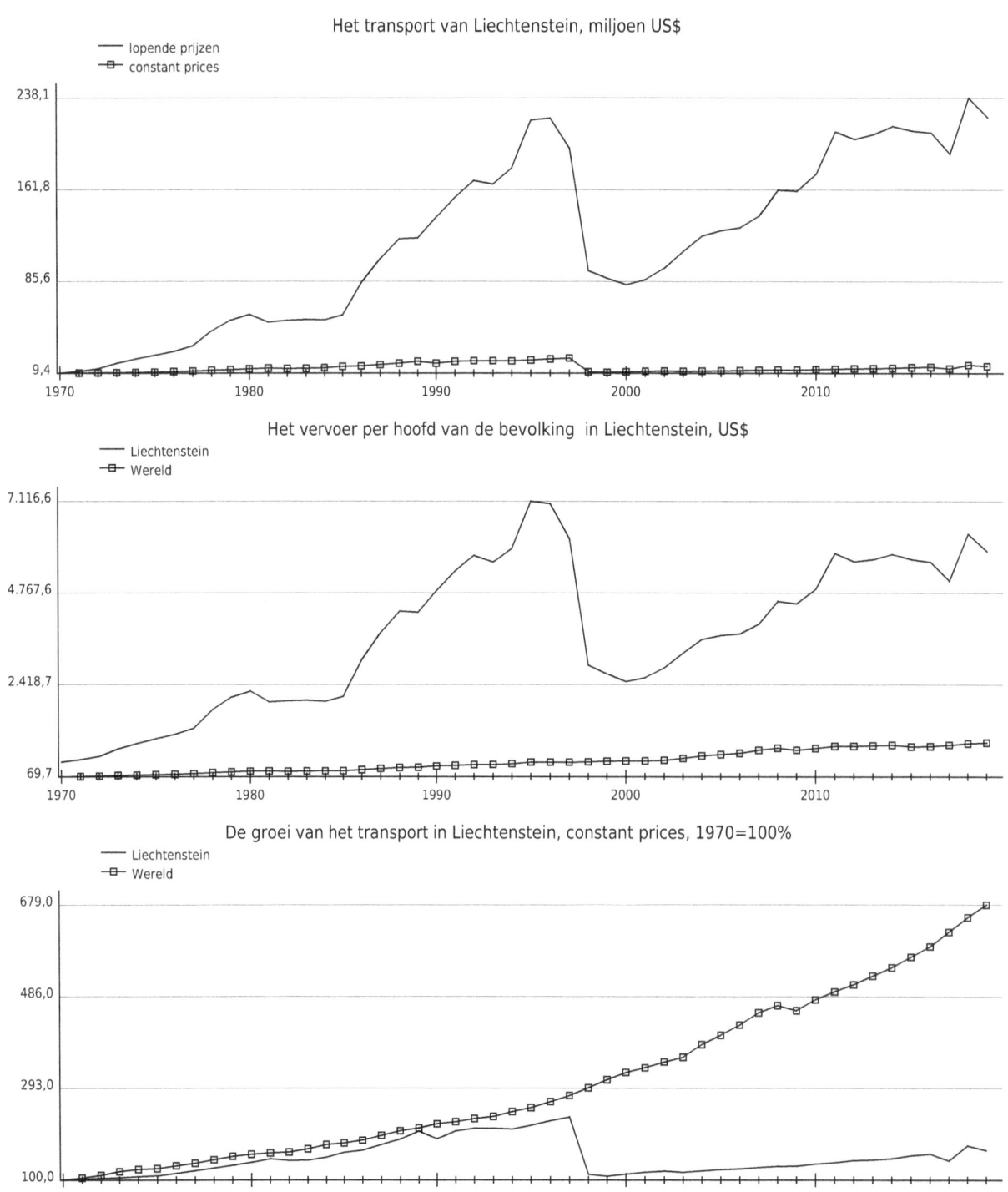

Het transport van Liechtenstein, miljoen US$

Het vervoer per hoofd van de bevolking in Liechtenstein, US$

De groei van het transport in Liechtenstein, constant prices, 1970=100%

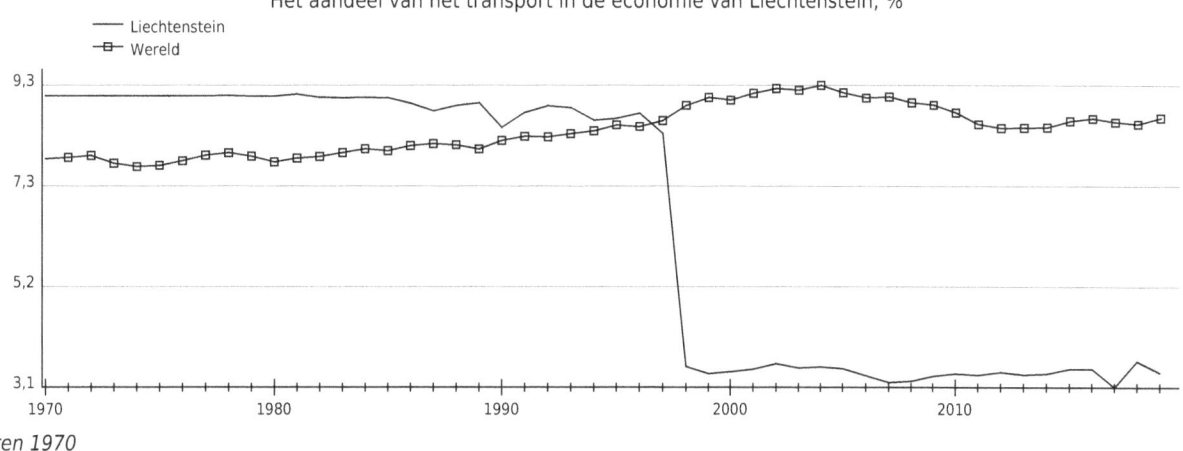

Het aandeel van het transport in de economie van Liechtenstein, %

de jaren 1970

Het vervoer van Liechtenstein bedroeg in de jaren 1970 US$25,4 miljoen per jaar, stond op de 134e plaats in de wereld, en was vergelijkbaar met Nieuw-Caledonië (US$25,2 miljoen). Het aandeel in de wereld was 0,0051%, en 0,014% in Europa.

Het aandeel van het transport in de economie van Liechtenstein was 9,1% in de jaren 1970, stond op de 49e plaats in de wereld, en was vergelijkbaar met Zwitserland (9,1%), Mauritius (9,1%), Hongarije (9,1%).

De toegevoegde waarde van het transport per hoofd in Liechtenstein was $1.089,5 in de jaren 1970s, stond op de 2e plaats in de wereld. De toegevoegde waarde van het transport per hoofd in Liechtenstein was in 8,9 keer hoger dan het transport per hoofd van de bevolking in de wereld ($122,3), en was in 4,4 keer hoger dan het transport per hoofd van de bevolking in Europa ($122,3).

De groei van het transport in Liechtenstein bedroeg 3% in de jaren 1970, stond op de 144e plaats in de wereld, en was vergelijkbaar met Guinee (3,0%), Suriname (3,0%), Duitsland (3,0%). De groei van het transport in Liechtenstein (3,0%) was minder dan de groei van het transport in de wereld (4,6%), was minder dan de groei van het transport in Europa (4,3%).

Vergelijking met buren. De sector van het transport in Liechtenstein was minder dan in Zwitserland (US$5,5 miljard) en in Oostenrijk (US$3,1 miljard). De toegevoegde waarde van het transport per hoofd in Liechtenstein was groter dan in Zwitserland (US$876,9) en in Oostenrijk (US$405,3). De groei van het transport in Liechtenstein was groter dan in Zwitserland (0,95%); maar minder dan in Oostenrijk (5,9%).

Vergelijking met leiders. De waarde van het transport in Liechtenstein was minder dan in de Verenigde Staten (US$168,6 miljard), in Japan (US$46,4 miljard), in Duitsland (US$29,6 miljard), in de Sovjet-Unie (US$28,8 miljard) en in Frankrijk (US$24,0 miljard). De waarde van het transport per hoofd in Liechtenstein was groter dan in de Verenigde Staten (US$772,4), in Frankrijk (US$447,4), in Japan (US$416,6), in Duitsland (US$376,1) en in de Sovjet-Unie (US$114,0). De groei van het transport in Liechtenstein was groter dan in Japan (1,7%); maar minder dan in de Sovjet-Unie (8,1%), in de Verenigde Staten (4,2%), in Frankrijk (4,1%) en in Duitsland (3,0%).

de jaren 1980

Het vervoer van Liechtenstein bedroeg in de jaren 1980 US$76,1 miljoen per jaar, stond op de 127e plaats in de wereld. Het aandeel in de wereld was 0,0065%, en 0,020% in Europa.

Het aandeel van het transport in de economie van Liechtenstein was 9,0% in de jaren 1980, stond op de 59e plaats in de wereld, en was vergelijkbaar met Zwitserland (9,0%), Noord-Europa (9,0%), Ecuador (9,0%).

De toegevoegde waarde van het transport per hoofd in Liechtenstein was $2.798,7 in de jaren 1980s, stond op de 2e plaats in de wereld. De waarde van het transport per hoofd in Liechtenstein was in 11,6 keer hoger dan het transport per hoofd van de bevolking in de wereld ($242,0), en was in 5,7 keer hoger dan het transport per hoofd van de bevolking in Europa ($242,0).

De groei van het transport in Liechtenstein bedroeg 4.5% in de jaren 1980, stond op de 67e plaats in de wereld, en was vergelijkbaar met Panama (4,4%), Vietnam (4,4%), Costa Rica (4,5%). De groei van het transport in Liechtenstein (4,5%) was groter dan de groei van het transport in de wereld (3,4%), was groter dan de groei van het transport in Europa (2,8%).

Vergelijking met buren. De toegevoegde waarde van het transport in Liechtenstein was minder dan in Zwitserland (US$12,8 miljard) en in Oostenrijk (US$7,4 miljard). De toegevoegde waarde van het transport per hoofd in Liechtenstein was groter dan in Zwitserland (US$1.992,9) en in Oostenrijk (US$973,8). De groei van het transport in Liechtenstein was groter dan in Zwitserland (2,7%) en in Oostenrijk (2,6%).

Vergelijking met leiders. De sector van het transport in Liechtenstein was minder dan in de Verenigde Staten (US$394,9 miljard), in Japan (US$147,7 miljard), in Duitsland (US$56,6 miljard), in Frankrijk (US$56,2 miljard) en in het Verenigd Koninkrijk (US$53,0 miljard). Het vervoer per hoofd in Liechtenstein was groter dan in de Verenigde Staten (US$1.649,2), in Japan (US$1.217,8), in Frankrijk (US$993,7), in het Verenigd Koninkrijk (US$938,7) en in Duitsland (US$725,5). De groei van het transport in Liechtenstein was groter dan in de Verenigde Staten (3,6%), in het Verenigd Koninkrijk (3,0%) en in Duitsland (1,8%); maar minder dan in Frankrijk (5,4%) en in Japan (4,7%).

de jaren 1990

De waarde van het transport in Liechtenstein bedroeg in de jaren 1990 US$163,0 miljoen per jaar, stond op de 139e plaats in de wereld, en was vergelijkbaar met Cambodja (US$164,6 miljoen), Barbados (US$160,8 miljoen). Het aandeel in de wereld was 0,0070%, en 0,021% in Europa.

Het aandeel van het transport in de economie van Liechtenstein was 7,4% in de jaren 1990, stond op de 118e plaats in de wereld, en was vergelijkbaar met Zuidoost-Azië (7,4%), Palau (7,4%), Aruba (7,5%).

De toegevoegde waarde van het transport per hoofd in Liechtenstein was $5.308,6 in de jaren 1990s, stond op de 2e plaats in de wereld. De waarde van het transport per hoofd in Liechtenstein was in 13,0 keer hoger dan het transport per hoofd van de bevolking in de wereld ($409,5), en was in 4,9 keer hoger dan het transport per hoofd van de bevolking in Europa ($409,5).

De groei van het transport in Liechtenstein bedroeg -6.1% in de jaren 1990, stond op de 191e plaats in de wereld. De groei van het transport in Liechtenstein (-6,1%) was minder dan de groei van het transport in de wereld (4,0%), was minder dan de groei van het transport in Europa (2,4%).

Vergelijking met buren. De sector van het transport in Liechtenstein was minder dan in Zwitserland (US$25,0 miljard) en in Oostenrijk (US$16,5 miljard). De sector van het transport per hoofd in Liechtenstein was groter dan in Zwitserland (US$3,6 duizend) en in Oostenrijk (US$2,1 duizend). De groei van het transport in Liechtenstein was minder dan in Oostenrijk (3,8%) en in Zwitserland (0,62%).

Vergelijking met leiders. De sector van het transport in Liechtenstein was minder dan in de Verenigde Staten (US$702,6 miljard), in Japan (US$373,9 miljard), in Duitsland (US$144,3 miljard), in Frankrijk (US$118,7 miljard) en in het Verenigd Koninkrijk (US$117,6 miljard). De toegevoegde waarde van het transport per hoofd in Liechtenstein was groter dan in Japan (US$3,0 duizend), in de Verenigde Staten (US$2,7 duizend), in het Verenigd Koninkrijk (US$2,0 duizend), in Frankrijk (US$1.999,2) en in Duitsland (US$1.789,0). De groei van het transport in Liechtenstein was minder dan in de Verenigde Staten (5,0%), in Frankrijk (4,8%), in het Verenigd Koninkrijk (4,7%), in Duitsland (3,9%) en in Japan (3,0%).

de jaren 2000

De sector van het transport in Liechtenstein bedroeg in de jaren 2000 US$122,1 miljoen per jaar, stond op de 174e plaats in de wereld, en was vergelijkbaar met Saint Lucia (US$122,5 miljoen), Swaziland (US$123,4 miljoen), Andorra (US$124,7 miljoen). Het aandeel in de wereld was 0,0030%, en 0,0090% in Europa.

Het aandeel van het transport in de economie van Liechtenstein was 3,4% in de jaren 2000, stond op de 205e plaats in de wereld.

De toegevoegde waarde van het transport per hoofd in Liechtenstein was $3.536,4 in de jaren 2000s, stond op de 17e plaats in de wereld, en was vergelijkbaar met de Nederland (US$3,5 duizend), Finland (US$3,5 duizend), het Verenigd Koninkrijk (US$3,6 duizend). De sector van het transport per hoofd in Liechtenstein was in 5,7 keer hoger dan het transport per hoofd van de bevolking in de wereld ($621,1), en was 91,1% hoger dan het transport per hoofd van de bevolking in Europa ($621,1).

De groei van het transport in Liechtenstein bedroeg 1.8% in de jaren 2000, stond op de 175e plaats in de wereld. De groei van het transport in Liechtenstein (1,8%) was minder dan de groei van het transport in de wereld (3,9%), was minder dan de groei van het transport in Europa (3,1%).

Vergelijking met buren. De waarde van het transport in Liechtenstein was minder dan in Zwitserland (US$33,0 miljard) en in Oostenrijk (US$24,8 miljard). Het transport per hoofd in Liechtenstein was groter dan in Oostenrijk (US$3,0 duizend); maar minder dan in Zwitserland (US$4,5 duizend). De groei van het transport in Liechtenstein was groter dan in Oostenrijk (1,4%); maar minder dan in Zwitserland (2,0%).

Vergelijking met leiders. De toegevoegde waarde van het transport in Liechtenstein was minder dan in de Verenigde Staten (US$1,2 biljoen), in Japan (US$468,5 miljard), in Duitsland (US$228,2 miljard), in het Verenigd Koninkrijk (US$215,9 miljard) en in Frankrijk (US$185,6 miljard). Het transport per hoofd in Liechtenstein was groter dan in Frankrijk (US$3,0 duizend) en in Duitsland (US$2,8 duizend); maar minder dan in de Verenigde Staten (US$4,0 duizend), in Japan (US$3,7 duizend) en in het Verenigd Koninkrijk (US$3,6 duizend). De groei van het transport in Liechtenstein was groter dan in Japan (1,5%); maar minder dan in Duitsland (3,4%), in het Verenigd Koninkrijk (3,1%), in de Verenigde Staten (3,1%) en in Frankrijk (2,7%).

de jaren 2010

Het vervoer van Liechtenstein bedroeg in de jaren 2010 US$208,3 miljoen per jaar, stond op de 171e plaats in de wereld, en was vergelijkbaar met Swaziland (US$206,5 miljoen). Het aandeel in de wereld was 0,0033%, en 0,012% in Europa.

Het aandeel van het transport in de economie van Liechtenstein was 3,4% in de jaren 2010, stond op de 207e plaats in de wereld, en was vergelijkbaar met Macau (3,4%), Puerto Rico (3,4%), Laos (3,4%).

De sector van het transport per hoofd in Liechtenstein was $5.600,2 in de jaren 2010s, stond op de 9e plaats in de wereld, en was vergelijkbaar met de Verenigde Staten (US$5,6 duizend), IJsland (US$5,5 duizend). Het vervoer per hoofd in Liechtenstein was in 6,5 keer hoger dan het transport per hoofd van de bevolking in de wereld ($864,8), en was in 2,3 keer hoger dan het transport per hoofd van de bevolking in Europa ($864,8).

De groei van het transport in Liechtenstein bedroeg 2.3% in de jaren 2010, stond op de 157e plaats in de wereld, en was vergelijkbaar met Oceanië (2,3%), Grenada (2,3%). De groei van het transport in Liechtenstein (2,3%) was minder dan de groei van het transport in de wereld (4,0%), was minder dan de groei van het transport in Europa (2,6%).

Vergelijking met buren. De toegevoegde waarde van het transport in Liechtenstein was 270,3 keer minder dan in Zwitserland (US$56,3 miljard) en 163,1 keer minder dan in Oostenrijk (US$34,0 miljard). Het vervoer per hoofd in Liechtenstein was 42,8% groter dan in Oostenrijk (US$3,9 duizend); maar 18,1% minder dan in Zwitserland (US$6,8 duizend). De groei van het transport in Liechtenstein was groter dan in Zwitserland (1,6%) en in Oostenrijk (1,4%).

Vergelijking met leiders. De toegevoegde waarde van het transport in Liechtenstein was 8.586,6 keer minder dan in de Verenigde Staten (US$1,8 biljoen), 2.543,8 keer minder dan in Japan (US$529,8 miljard), 2.228,9 keer minder dan in China (US$464,2 miljard), 1.440,5 keer minder dan in Duitsland (US$300,0 miljard) en 1.237,5 keer minder dan in het Verenigd Koninkrijk (US$257,7 miljard). De toegevoegde waarde van het transport per hoofd in Liechtenstein was 0,043% groter dan in de Verenigde Staten (US$5,6 duizend), 35,2% groter dan in Japan (US$4,1 duizend), 42,5% groter dan in het Verenigd Koninkrijk (US$3,9 duizend), 52,8% groter dan in Duitsland (US$3,7 duizend) en 16,9 keer groter dan in China (US$331,0). De groei van het transport in Liechtenstein was groter dan in Japan (0,81%); maar minder dan in China (7,5%), in de Verenigde Staten (5,1%), in het Verenigd Koninkrijk (2,8%) en in Duitsland (2,7%).

Hoofdstuk VIII. Handel

Groothandel, detailhandel, restaurants en hotels (ISIC G-H)

De handel van Liechtenstein steeg van US$50,6 miljoen per jaar in de jaren 1970 tot US$401,0 miljoen per jaar in de jaren 2010, dat wil zeggen met US$350,5 miljoen of 7,9 keer. De verandering vond plaats op US$336,1 miljoen als gevolg van een 6,2-voudige stijging van de prijzen, en ook op -US$15,8 miljoen als gevolg van een 1,2-voudige afname van de productiviteit , evenals op US$30,2 miljoen als gevolg van de toename van de bevolking. De gemiddelde jaarlijkse groei van de handel is 1,2%. De minimumwaarde van de handel bedroeg US$18,8 miljoen in 1970. De maximumwaarde van de handel bedroeg US$604,0 miljoen in 2018.

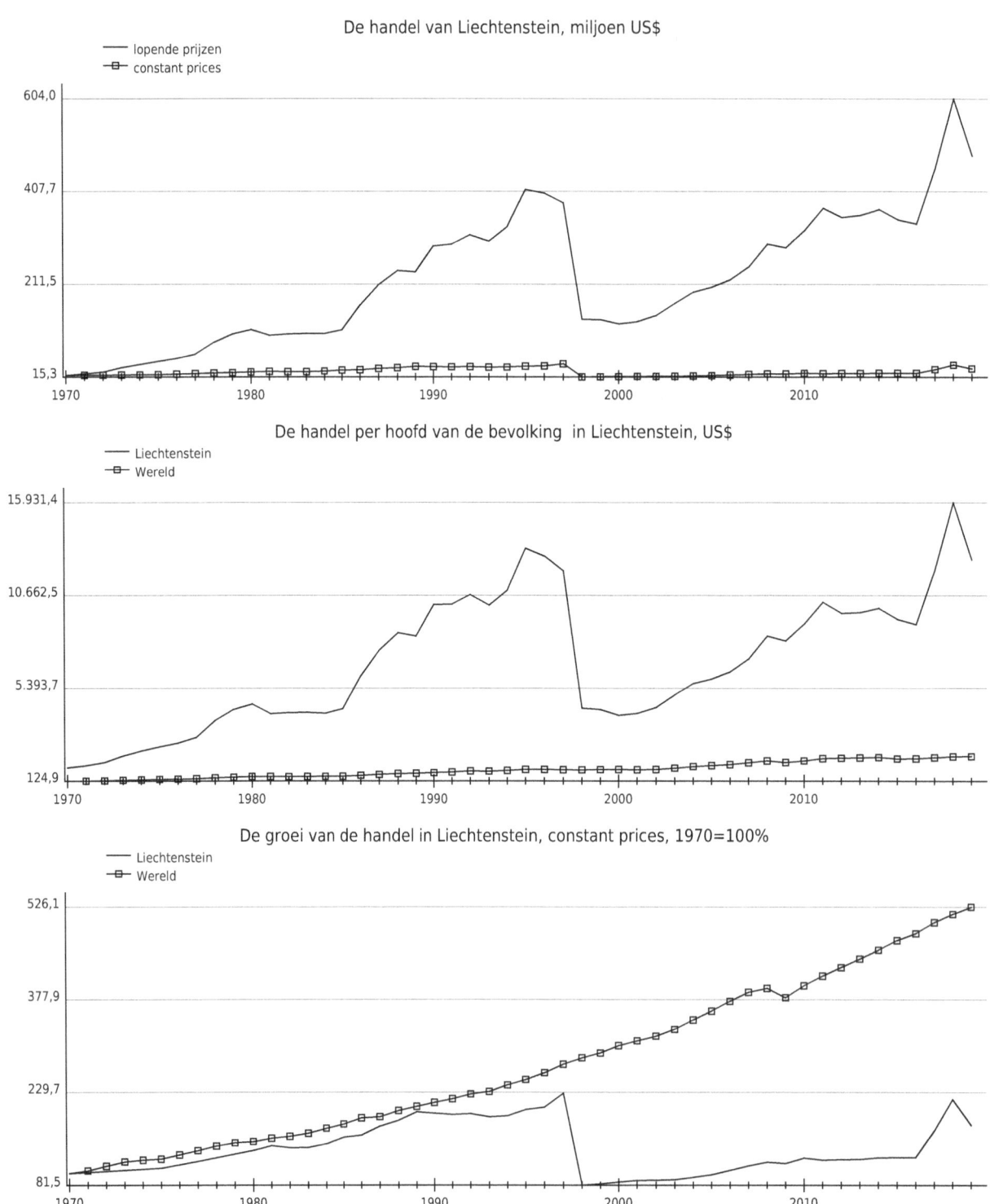

De handel van Liechtenstein, miljoen US$

De handel per hoofd van de bevolking in Liechtenstein, US$

De groei van de handel in Liechtenstein, constant prices, 1970=100%

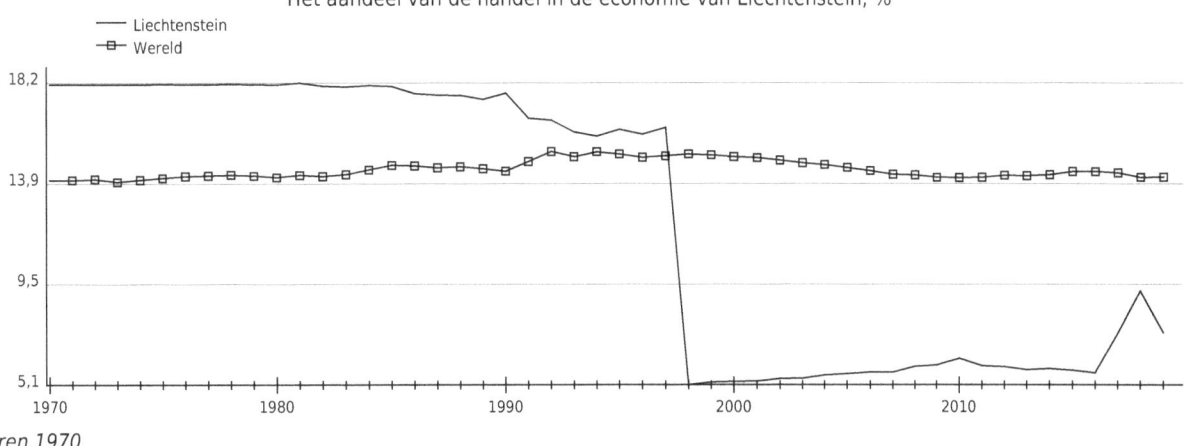

Het aandeel van de handel in de economie van Liechtenstein, %

de jaren 1970

De sector van de handel in Liechtenstein bedroeg in de jaren 1970 US$50,6 miljoen per jaar, stond op de 141e plaats in de wereld. Het aandeel in de wereld was 0,0057%, en 0,015% in Europa.

Het aandeel van de handel in de economie van Liechtenstein was 18,2% in de jaren 1970, stond op de 51e plaats in de wereld, en was vergelijkbaar met Zwitserland (18,2%), Zuidoost-Azië (18,1%), Vanuatu (18,1%).

De waarde van de handel per hoofd in Liechtenstein was $2.171,4 in de jaren 1970s, stond op de 4e plaats in de wereld. De toegevoegde waarde van de handel per hoofd in Liechtenstein was in 9,8 keer hoger dan de handel per hoofd van de bevolking in de wereld ($221,0), en was in 4,8 keer hoger dan de handel per hoofd van de bevolking in Europa ($221,0).

De groei van de handel in Liechtenstein bedroeg 3% in de jaren 1970, stond op de 134e plaats in de wereld, en was vergelijkbaar met Guinee (3,0%), Laos (3,0%), Bangladesh (3,0%). De groei van de handel in Liechtenstein (3,0%) was minder dan de groei van de handel in de wereld (4,5%), was minder dan de groei van de handel in Europa (3,6%).

Vergelijking met buren. De waarde van de handel in Liechtenstein was minder dan in Zwitserland (US$11,0 miljard) en in Oostenrijk (US$5,8 miljard). De toegevoegde waarde van de handel per hoofd in Liechtenstein was groter dan in Zwitserland (US$1.747,8) en in Oostenrijk (US$760,5). De groei van de handel in Liechtenstein was groter dan in Zwitserland (0,95%); maar minder dan in Oostenrijk (4,6%).

Vergelijking met leiders. De waarde van de handel in Liechtenstein was minder dan in de Verenigde Staten (US$278,3 miljard), in Japan (US$90,3 miljard), in de Sovjet-Unie (US$62,3 miljard), in Duitsland (US$61,1 miljard) en in Frankrijk (US$40,9 miljard). De sector van de handel per hoofd in Liechtenstein was groter dan in de Verenigde Staten (US$1.275,1), in Japan (US$811,1), in Duitsland (US$775,5), in Frankrijk (US$762,4) en in de Sovjet-Unie (US$247,1). De groei van de handel in Liechtenstein was minder dan in Japan (8,2%), in de Sovjet-Unie (5,2%), in Frankrijk (3,9%), in de Verenigde Staten (3,9%) en in Duitsland (3,0%).

de jaren 1980

De toegevoegde waarde van de handel in Liechtenstein bedroeg in de jaren 1980 US$151,1 miljoen per jaar, stond op de 137e plaats in de wereld, en was vergelijkbaar met Swaziland (US$151,6 miljoen). Het aandeel in de wereld was 0,0071%, en 0,021% in Europa.

Het aandeel van de handel in de economie van Liechtenstein was 17,9% in de jaren 1980, stond op de 56e plaats in de wereld, en was vergelijkbaar met Zwitserland (17,9%).

De waarde van de handel per hoofd in Liechtenstein was $5.561,2 in de jaren 1980s, stond op de 2e plaats in de wereld. De toegevoegde waarde van de handel per hoofd in Liechtenstein was in 12,7 keer hoger dan de handel per hoofd van de bevolking in de wereld ($437,7), en was in 6,0 keer hoger dan de handel per hoofd van de bevolking in Europa ($437,7).

De groei van de handel in Liechtenstein bedroeg 4.3% in de jaren 1980, stond op de 49e plaats in de wereld, en was vergelijkbaar met Gambia (4,3%). De groei van de handel in Liechtenstein (4,3%) was groter dan de groei van de handel in de wereld (3,3%), was groter dan de groei van de handel in Europa (1,9%).

Vergelijking met buren. De waarde van de handel in Liechtenstein was minder dan in Zwitserland (US$25,4 miljard) en in Oostenrijk (US$14,2 miljard). De handel per hoofd in Liechtenstein was groter dan in Zwitserland (US$4,0 duizend) en in Oostenrijk (US$1.855,9).

De groei van de handel in Liechtenstein was groter dan in Oostenrijk (2,6%) en in Zwitserland (2,5%).

Vergelijking met leiders. De toegevoegde waarde van de handel in Liechtenstein was minder dan in de Verenigde Staten (US$653,3 miljard), in Japan (US$277,3 miljard), in Duitsland (US$116,7 miljard), in de Sovjet-Unie (US$112,3 miljard) en in Italië (US$95,7 miljard). De waarde van de handel per hoofd in Liechtenstein was groter dan in de Verenigde Staten (US$2,7 duizend), in Japan (US$2,3 duizend), in Italië (US$1.684,2), in Duitsland (US$1.496,0) en in de Sovjet-Unie (US$408,1). De groei van de handel in Liechtenstein was groter dan in Italië (2,3%), in Duitsland (1,8%) en in de Sovjet-Unie (-0,62%); maar minder dan in Japan (4,9%) en in de Verenigde Staten (4,4%).

de jaren 1990

De waarde van de handel in Liechtenstein bedroeg in de jaren 1990 US$301,2 miljoen per jaar, stond op de 148e plaats in de wereld, en was vergelijkbaar met Brunei (US$304,3 miljoen). Het aandeel in de wereld was 0,0073%, en 0,023% in Europa.

Het aandeel van de handel in de economie van Liechtenstein was 13,7% in de jaren 1990, stond op de 122e plaats in de wereld, en was vergelijkbaar met Tsjechië (13,7%), Luxemburg (13,7%), Marokko (13,8%).

De toegevoegde waarde van de handel per hoofd in Liechtenstein was $9.811,2 in de jaren 1990s, stond op de 2e plaats in de wereld. De handel per hoofd in Liechtenstein was in 13,6 keer hoger dan de handel per hoofd van de bevolking in de wereld ($721,8), en was in 5,5 keer hoger dan de handel per hoofd van de bevolking in Europa ($721,8).

De groei van de handel in Liechtenstein bedroeg -8.3% in de jaren 1990, stond op de 201e plaats in de wereld. De groei van de handel in Liechtenstein (-8,3%) was minder dan de groei van de handel in de wereld (3,5%), was minder dan de groei van de handel in Europa (2,0%).

Vergelijking met buren. De waarde van de handel in Liechtenstein was minder dan in Zwitserland (US$47,5 miljard) en in Oostenrijk (US$31,2 miljard). De waarde van de handel per hoofd in Liechtenstein was groter dan in Zwitserland (US$6,9 duizend) en in Oostenrijk (US$3,9 duizend). De groei van de handel in Liechtenstein was minder dan in Oostenrijk (2,9%) en in Zwitserland (0,38%).

Vergelijking met leiders. De toegevoegde waarde van de handel in Liechtenstein was minder dan in de Verenigde Staten (US$1,2 biljoen), in Japan (US$713,2 miljard), in Duitsland (US$243,7 miljard), in Italië (US$185,6 miljard) en in Frankrijk (US$177,0 miljard). De waarde van de handel per hoofd in Liechtenstein was groter dan in Japan (US$5,7 duizend), in de Verenigde Staten (US$4,4 duizend), in Italië (US$3,3 duizend), in Duitsland (US$3,0 duizend) en in Frankrijk (US$3,0 duizend). De groei van de handel in Liechtenstein was minder dan in de Verenigde Staten (4,3%), in Japan (3,8%), in Duitsland (2,5%), in Frankrijk (2,4%) en in Italië (1,9%).

de jaren 2000

De waarde van de handel in Liechtenstein bedroeg in de jaren 2000 US$203,2 miljoen per jaar, stond op de 173e plaats in de wereld. Het aandeel in de wereld was 0,0032%, en 0,010% in Europa.

Het aandeel van de handel in de economie van Liechtenstein was 5,6% in de jaren 2000, stond op de 205e plaats in de wereld.

De toegevoegde waarde van de handel per hoofd in Liechtenstein was $5.883,7 in de jaren 2000s, stond op de 16e plaats in de wereld, en was vergelijkbaar met de Verenigde Arabische Emiraten (US$5,9 duizend), Japan (US$6,0 duizend). De handel per hoofd in Liechtenstein was in 5,9 keer hoger dan de handel per hoofd van de bevolking in de wereld ($990,3), en was in 2,1 keer hoger dan de handel per hoofd van de bevolking in Europa ($990,3).

De groei van de handel in Liechtenstein bedroeg 3.4% in de jaren 2000, stond op de 114e plaats in de wereld, en was vergelijkbaar met Noorwegen (3,3%), Brazilië (3,3%), Lesotho (3,4%). De groei van de handel in Liechtenstein (3,4%) was groter dan de groei van de handel in de wereld (2,7%), was groter dan de groei van de handel in Europa (2,2%).

Vergelijking met buren. De handel van Liechtenstein was minder dan in Zwitserland (US$70,2 miljard) en in Oostenrijk (US$46,6 miljard). De toegevoegde waarde van de handel per hoofd in Liechtenstein was groter dan in Oostenrijk (US$5,7 duizend); maar minder dan in Zwitserland (US$9,5 duizend). De groei van de handel in Liechtenstein was groter dan in Oostenrijk (1,7%); maar minder dan in Zwitserland (3,4%).

Vergelijking met leiders. De handel van Liechtenstein was minder dan in de Verenigde Staten (US$1,9 biljoen), in Japan (US$771,8 miljard), in Duitsland (US$296,0 miljard), in het Verenigd Koninkrijk (US$293,5 miljard) en in China (US$262,0 miljard). De waarde van de handel per hoofd in Liechtenstein was groter dan in het Verenigd Koninkrijk (US$4,9 duizend), in Duitsland (US$3,6 duizend) en in China (US$197,5); maar minder dan in de Verenigde Staten (US$6,4 duizend) en in Japan (US$6,0 duizend). De groei van de handel in Liechtenstein was groter dan in Duitsland (1,7%), in het Verenigd Koninkrijk (1,3%), in de Verenigde Staten (1,1%) en in Japan (-0,77%); maar minder dan in China (11,9%).

de jaren 2010

De waarde van de handel in Liechtenstein bedroeg in de jaren 2010 US$401,0 miljoen per jaar, stond op de 171e plaats in de wereld. Het aandeel in de wereld was 0,0038%, en 0,015% in Europa.

Het aandeel van de handel in de economie van Liechtenstein was 6,5% in de jaren 2010, stond op de 204e plaats in de wereld, en was vergelijkbaar met Burundi (6,6%).

De waarde van de handel per hoofd in Liechtenstein was $10.783,2 in de jaren 2010s, stond op de 5e plaats in de wereld, en was vergelijkbaar met Hongkong (US$10,7 duizend), Singapore (US$11,0 duizend). De toegevoegde waarde van de handel per hoofd in Liechtenstein was in 7,5 keer hoger dan de handel per hoofd van de bevolking in de wereld ($1.436,8), en was in 3,0 keer hoger dan de handel per hoofd van de bevolking in Europa ($1.436,8).

De groei van de handel in Liechtenstein bedroeg 4.3% in de jaren 2010, stond op de 76e plaats in de wereld, en was vergelijkbaar met Hongarije (4,3%), Guinee (4,3%). De groei van de handel in Liechtenstein (4,3%) was groter dan de groei van de handel in de wereld (3,3%), was groter dan de groei van de handel in Europa (2,0%).

Vergelijking met buren. De sector van de handel in Liechtenstein was 303,1 keer minder dan in Zwitserland (US$121,5 miljard) en 161,8 keer minder dan in Oostenrijk (US$64,9 miljard). De toegevoegde waarde van de handel per hoofd in Liechtenstein was 44,0% groter dan in Oostenrijk (US$7,5 duizend); maar 27,0% minder dan in Zwitserland (US$14,8 duizend). De groei van de handel in Liechtenstein was groter dan in Zwitserland (1,4%) en in Oostenrijk (1,2%).

Vergelijking met leiders. De sector van de handel in Liechtenstein was 6.521,6 keer minder dan in de Verenigde Staten (US$2,6 biljoen), 2.978,2 keer minder dan in China (US$1,2 biljoen), 2.168,1 keer minder dan in Japan (US$869,5 miljard), 929,1 keer minder dan in Duitsland (US$372,6 miljard) en 822,8 keer minder dan in het Verenigd Koninkrijk (US$330,0 miljard). De sector van de handel per hoofd in Liechtenstein was 31,7% groter dan in de Verenigde Staten (US$8,2 duizend), 58,6% groter dan in Japan (US$6,8 duizend), 2,1 keer groter dan in het Verenigd Koninkrijk (US$5,0 duizend), 2,4 keer groter dan in Duitsland (US$4,6 duizend) en 12,7 keer groter dan in China (US$851,7). De groei van de handel in Liechtenstein was groter dan in het Verenigd Koninkrijk (2,8%), in de Verenigde Staten (2,3%), in Duitsland (2,0%) en in Japan (0,77%); maar minder dan in China (8,9%).

Hoofdstuk IX. Diensten

(ISIC J-P)

De waarde van de diensten in Liechtenstein steeg van US$100,2 miljoen per jaar in de jaren 1970 tot US$2,8 miljard per jaar in de jaren 2010, dat wil zeggen met US$2,7 miljard of 28,2 keer. De verandering vond plaats op US$2,4 miljard als gevolg van een 6,2-voudige stijging van de prijzen, en ook op US$296,3 miljoen als gevolg van een 2,9-voudige toename van de productiviteit , evenals op US$59,8 miljoen als gevolg van de toename van de bevolking. De gemiddelde jaarlijkse groei van de diensten is 3,5%. De minimumwaarde van de diensten bedroeg US$37,1 miljoen in 1970. De maximumwaarde van de diensten bedroeg US$3,0 miljard in 2014.

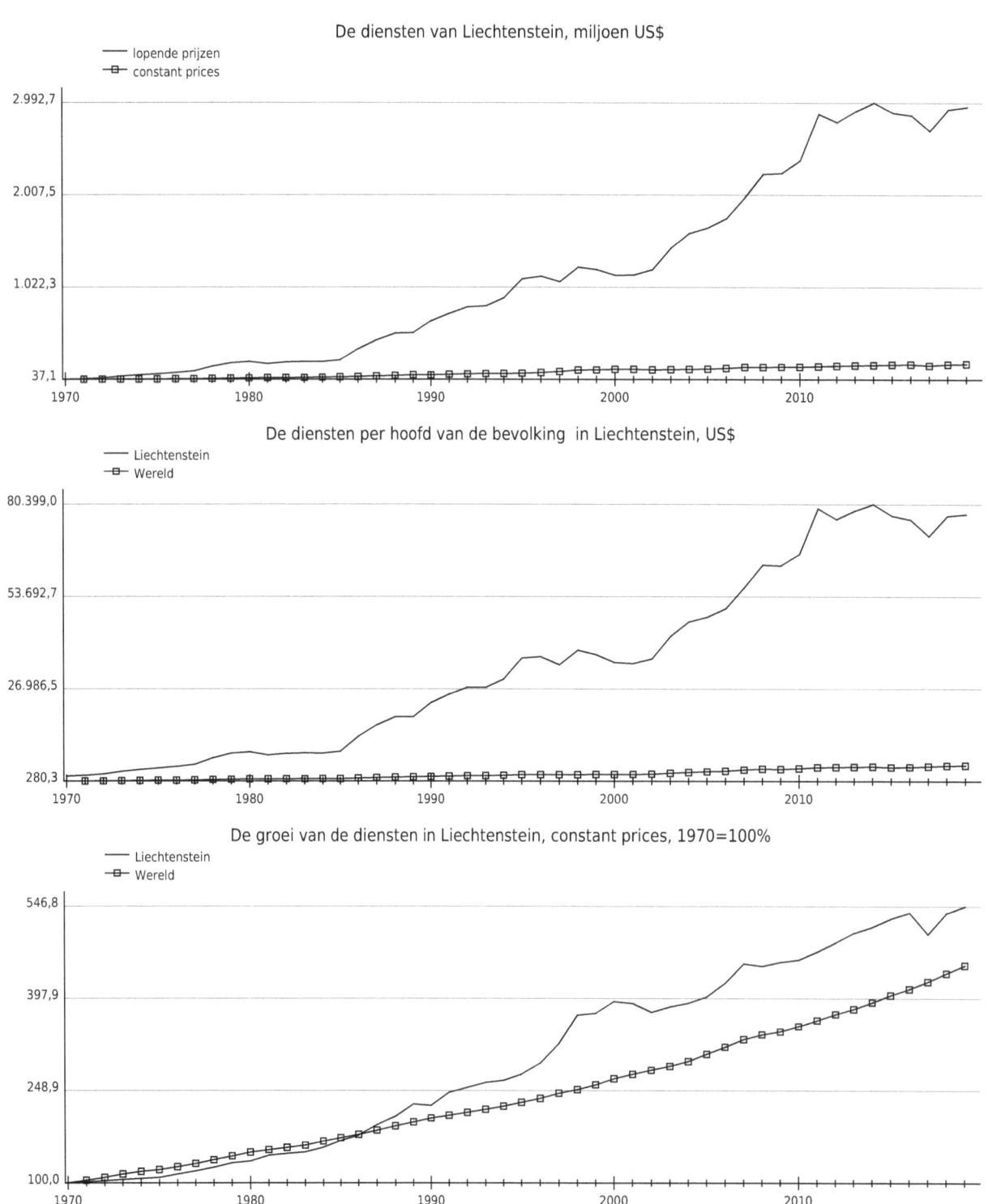

De diensten van Liechtenstein, miljoen US$

De diensten per hoofd van de bevolking in Liechtenstein, US$

De groei van de diensten in Liechtenstein, constant prices, 1970=100%

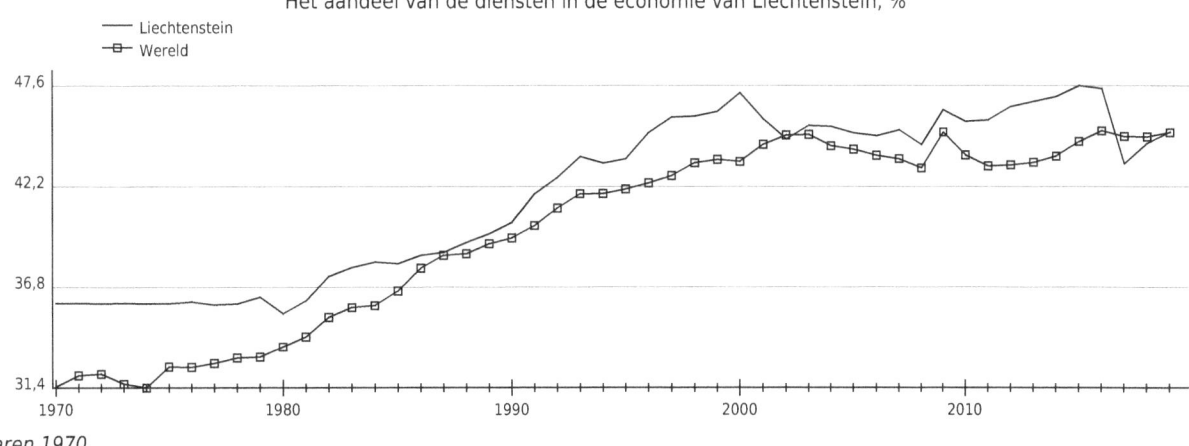

Het aandeel van de diensten in de economie van Liechtenstein, %

de jaren 1970

De sector van de diensten in Liechtenstein bedroeg in de jaren 1970 US$100,2 miljoen per jaar, stond op de 138e plaats in de wereld. Het aandeel in de wereld was 0,0049%, en 0,012% in Europa.

Het aandeel van de diensten in de economie van Liechtenstein was 36,0% in de jaren 1970, stond op de 42e plaats in de wereld, en was vergelijkbaar met Zwitserland (36,0%), Guatemala (35,9%), Montserrat (36,2%).

De diensten per hoofd in Liechtenstein waren $4.299,8 in de jaren 1970s, stonden op de 4e plaats in de wereld. De toegevoegde waarde van de diensten per hoofd in Liechtenstein was in 8,5 keer hoger dan de diensten per hoofd van de bevolking in de wereld ($506,9), en was in 3,8 keer hoger dan de diensten per hoofd van de bevolking in Europa ($506,9).

De groei van de diensten in Liechtenstein bedroeg 3.1% in de jaren 1970, stond op de 143e plaats in de wereld, en was vergelijkbaar met Jamaica (3,1%), Chili (3,2%). De groei van de diensten in Liechtenstein (3,1%) was minder dan de groei van de diensten in de wereld (4,1%), was minder dan de groei van de diensten in Europa (3,7%).

Vergelijking met buren. De waarde van de diensten in Liechtenstein was minder dan in Zwitserland (US$21,7 miljard) en in Oostenrijk (US$10,0 miljard). De toegevoegde waarde van de diensten per hoofd in Liechtenstein was groter dan in Zwitserland (US$3,5 duizend) en in Oostenrijk (US$1.318,9). De groei van de diensten in Liechtenstein was groter dan in Zwitserland (0,93%); maar minder dan in Oostenrijk (3,9%).

Vergelijking met leiders. De waarde van de diensten in Liechtenstein was minder dan in de Verenigde Staten (US$674,4 miljard), in de Sovjet-Unie (US$168,3 miljard), in Japan (US$153,8 miljard), in Duitsland (US$150,2 miljard) en in Frankrijk (US$121,8 miljard). De sector van de diensten per hoofd in Liechtenstein was groter dan in de Verenigde Staten (US$3,1 duizend), in Frankrijk (US$2,3 duizend), in Duitsland (US$1.907,6), in Japan (US$1.381,3) en in de Sovjet-Unie (US$667,3). De groei van de diensten in Liechtenstein was groter dan in de Sovjet-Unie (0,90%); maar minder dan in Japan (5,9%), in Duitsland (4,8%), in Frankrijk (3,9%) en in de Verenigde Staten (3,3%).

de jaren 1980

De sector van de diensten in Liechtenstein bedroeg in de jaren 1980 US$323,3 miljoen per jaar, stond op de 132e plaats in de wereld. Het aandeel in de wereld was 0,0060%, en 0,017% in Europa.

Het aandeel van de diensten in de economie van Liechtenstein was 38,2% in de jaren 1980, stond op de 40e plaats in de wereld, en was vergelijkbaar met Suriname (38,2%), Zwitserland (38,1%), Uruguay (38,0%).

De waarde van de diensten per hoofd in Liechtenstein was $11.899,1 in de jaren 1980s, stond op de 4e plaats in de wereld. De waarde van de diensten per hoofd in Liechtenstein was in 10,7 keer hoger dan de diensten per hoofd van de bevolking in de wereld ($1.115,5), en was in 4,9 keer hoger dan de diensten per hoofd van de bevolking in Europa ($1.115,5).

De groei van de diensten in Liechtenstein bedroeg 5.6% in de jaren 1980, stond op de 42e plaats in de wereld, en was vergelijkbaar met Kenia (5,5%), Tonga (5,6%). De groei van de diensten in Liechtenstein (5,6%) was groter dan de groei van de diensten in de wereld (3,3%), was groter dan de groei van de diensten in Europa (3,0%).

Vergelijking met buren. De diensten van Liechtenstein waren minder dan in Zwitserland (US$54,2 miljard) en in Oostenrijk (US$28,8 miljard). De sector van de diensten per hoofd in Liechtenstein was groter dan in Zwitserland (US$8,4 duizend) en in Oostenrijk (US$3,8 duizend). De groei van de diensten in Liechtenstein was groter dan in Zwitserland (2,8%) en in Oostenrijk (2,5%).

Vergelijking met leiders. De toegevoegde waarde van de diensten in Liechtenstein was minder dan in de Verenigde Staten (US$1,9 biljoen), in Japan (US$619,9 miljard), in Duitsland (US$362,2 miljard), in Frankrijk (US$294,5 miljard) en in het Verenigd Koninkrijk (US$265,4 miljard). De waarde van de diensten per hoofd in Liechtenstein was groter dan in de Verenigde Staten (US$7,8 duizend), in Frankrijk (US$5,2 duizend), in Japan (US$5,1 duizend), in het Verenigd Koninkrijk (US$4,7 duizend) en in Duitsland (US$4,6 duizend). De groei van de diensten in Liechtenstein was groter dan in Japan (4,8%), in het Verenigd Koninkrijk (3,3%), in Duitsland (3,1%), in de Verenigde Staten (2,8%) en in Frankrijk (2,3%).

de jaren 1990

De waarde van de diensten in Liechtenstein bedroeg in de jaren 1990 US$971,3 miljoen per jaar, stond op de 129e plaats in de wereld, en was vergelijkbaar met Mauritius (US$976,4 miljoen), Burkina Faso (US$961,6 miljoen), Kosovo (US$987,7 miljoen). Het aandeel in de wereld was 0,0085%, en 0,025% in Europa.

Het aandeel van de diensten in de economie van Liechtenstein was 44,1% in de jaren 1990, stond op de 33e plaats in de wereld, en was vergelijkbaar met Zwitserland (44,0%), Fiji (43,9%).

De sector van de diensten per hoofd in Liechtenstein was $31.633,5 in de jaren 1990s, stond op de 3e plaats in de wereld. De sector van de diensten per hoofd in Liechtenstein was in 15,7 keer hoger dan de diensten per hoofd van de bevolking in de wereld ($2.014,6), en was in 6,0 keer hoger dan de diensten per hoofd van de bevolking in Europa ($2.014,6).

De groei van de diensten in Liechtenstein bedroeg 5.1% in de jaren 1990, stond op de 46e plaats in de wereld, en was vergelijkbaar met Colombia (5,1%). De groei van de diensten in Liechtenstein (5,1%) was groter dan de groei van de diensten in de wereld (2,7%), was groter dan de groei van de diensten in Europa (2,1%).

Vergelijking met buren. De diensten van Liechtenstein waren minder dan in Zwitserland (US$127,6 miljard) en in Oostenrijk (US$71,7 miljard). De diensten per hoofd in Liechtenstein waren groter dan in Zwitserland (US$18,4 duizend) en in Oostenrijk (US$9,0 duizend). De groei van de diensten in Liechtenstein was groter dan in Oostenrijk (2,5%) en in Zwitserland (1,4%).

Vergelijking met leiders. De diensten van Liechtenstein waren minder dan in de Verenigde Staten (US$3,8 biljoen), in Japan (US$1,6 biljoen), in Duitsland (US$908,0 miljard), in Frankrijk (US$628,2 miljard) en in het Verenigd Koninkrijk (US$592,3 miljard). De diensten per hoofd in Liechtenstein waren groter dan in de Verenigde Staten (US$14,4 duizend), in Japan (US$12,8 duizend), in Duitsland (US$11,3 duizend), in Frankrijk (US$10,6 duizend) en in het Verenigd Koninkrijk (US$10,2 duizend). De groei van de diensten in Liechtenstein was groter dan in Duitsland (3,2%), in het Verenigd Koninkrijk (3,0%), in de Verenigde Staten (2,3%), in Japan (1,7%) en in Frankrijk (1,6%).

de jaren 2000

De diensten van Liechtenstein bedroegen in de jaren 2000 US$1,6 miljard per jaar, stonden op de 136e plaats in de wereld, en waren vergelijkbaar met Monaco (US$1,7 miljard). Het aandeel in de wereld was 0,0084%, en 0,026% in Europa.

Het aandeel van de diensten in de economie van Liechtenstein was 45,4% in de jaren 2000, stonden op de 44e plaats in de wereld, en was vergelijkbaar met Malta (45,1%), Saint Lucia (45,7%).

De toegevoegde waarde van de diensten per hoofd in Liechtenstein was $47.539,1 in de jaren 2000s, stond op de 4e plaats in de wereld. De waarde van de diensten per hoofd in Liechtenstein was in 15,8 keer hoger dan de diensten per hoofd van de bevolking in de wereld ($3.011,2), en was in 5,4 keer hoger dan de diensten per hoofd van de bevolking in Europa ($3.011,2).

De groei van de diensten in Liechtenstein bedroeg 2% in de jaren 2000, stond op de 169e plaats in de wereld, en was vergelijkbaar met de Verenigde Staten (2,0%). De groei van de diensten in Liechtenstein (2,0%) was minder dan de groei van de diensten in de wereld (2,9%), was groter dan de groei van de diensten in Europa (2,0%).

Vergelijking met buren. De toegevoegde waarde van de diensten in Liechtenstein was minder dan in Zwitserland (US$184,0 miljard) en in Oostenrijk (US$112,9 miljard). De toegevoegde waarde van de diensten per hoofd in Liechtenstein was groter dan in Zwitserland (US$24,9 duizend) en in Oostenrijk (US$13,7 duizend). De groei van de diensten in Liechtenstein was groter dan in Zwitserland (1,7%); maar minder dan in Oostenrijk (2,4%).

Vergelijking met leiders. De diensten van Liechtenstein waren minder dan in de Verenigde Staten (US$6,7 biljoen), in Japan (US$2,0 biljoen), in Duitsland (US$1,2 biljoen), in het Verenigd Koninkrijk (US$1,1 biljoen) en in Frankrijk (US$997,0 miljard). De sector van de diensten per hoofd in Liechtenstein was groter dan in de Verenigde Staten (US$22,9 duizend), in het Verenigd Koninkrijk (US$18,0 duizend), in Frankrijk (US$15,9 duizend), in Japan (US$15,3 duizend) en in Duitsland (US$15,0 duizend). De groei van de diensten in Liechtenstein was groter dan in de Verenigde Staten (2,0%), in Frankrijk (1,5%), in Japan (1,2%) en in Duitsland (0,57%); maar minder dan in het Verenigd Koninkrijk (2,7%).

de jaren 2010

De toegevoegde waarde van de diensten in Liechtenstein bedroeg in de jaren 2010 US$2,8 miljard per jaar, stond op de 144e plaats in de wereld, en was vergelijkbaar met Mali (US$2,8 miljard), Mongolië (US$2,8 miljard). Het aandeel in de wereld was 0,0086%, en 0,031% in Europa.

Het aandeel van de diensten in de economie van Liechtenstein was 45,9% in de jaren 2010, stond op de 46e plaats in de wereld, en was vergelijkbaar met Palau (45,9%), Anguilla (46,1%), de Marshalleilanden (46,1%).

De diensten per hoofd in Liechtenstein waren $75.922,0 in de jaren 2010s, stonden op de 3e plaats in de wereld. De toegevoegde waarde van de diensten per hoofd in Liechtenstein was in 17,0 keer hoger dan de diensten per hoofd van de bevolking in de wereld ($4.467,8), en was in 6,2 keer hoger dan de diensten per hoofd van de bevolking in Europa ($4.467,8).

De groei van de diensten in Liechtenstein bedroeg 1.8% in de jaren 2010, stond op de 141e plaats in de wereld, en was vergelijkbaar met Amerika (1,8%), Litouwen (1,8%), Brazilië (1,8%). De groei van de diensten in Liechtenstein (1,8%) was minder dan de groei van de diensten in de wereld (2,7%), was groter dan de groei van de diensten in Europa (1,3%).

Vergelijking met buren. De diensten van Liechtenstein waren 115,0 keer minder dan in Zwitserland (US$324,8 miljard) en 58,0 keer minder dan in Oostenrijk (US$163,6 miljard). De toegevoegde waarde van de diensten per hoofd in Liechtenstein was 92,3% groter dan in Zwitserland (US$39,5 duizend) en 4,0 keer groter dan in Oostenrijk (US$18,9 duizend). De groei van de diensten in Liechtenstein was groter dan in Oostenrijk (1,4%); maar minder dan in Zwitserland (1,9%).

Vergelijking met leiders. De waarde van de diensten in Liechtenstein was 3.525,6 keer minder dan in de Verenigde Staten (US$10,0 biljoen), 1.256,2 keer minder dan in China (US$3,5 biljoen), 805,1 keer minder dan in Japan (US$2,3 biljoen), 569,3 keer minder dan in Duitsland (US$1,6 biljoen) en 480,0 keer minder dan in het Verenigd Koninkrijk (US$1,4 biljoen). De toegevoegde waarde van de diensten per hoofd in Liechtenstein was 2,4 keer groter dan in de Verenigde Staten (US$31,2 duizend), 3,7 keer groter dan in het Verenigd Koninkrijk (US$20,7 duizend), 3,9 keer groter dan in Duitsland (US$19,6 duizend), 4,3 keer groter dan in Japan (US$17,8 duizend) en 30,0 keer groter dan in China (US$2,5 duizend). De groei van de diensten in Liechtenstein was groter dan in de Verenigde Staten (1,8%), in het Verenigd Koninkrijk (1,7%), in Duitsland (1,2%) en in Japan (0,99%); maar minder dan in China (8,4%).

Part III. Externe betrekkingen

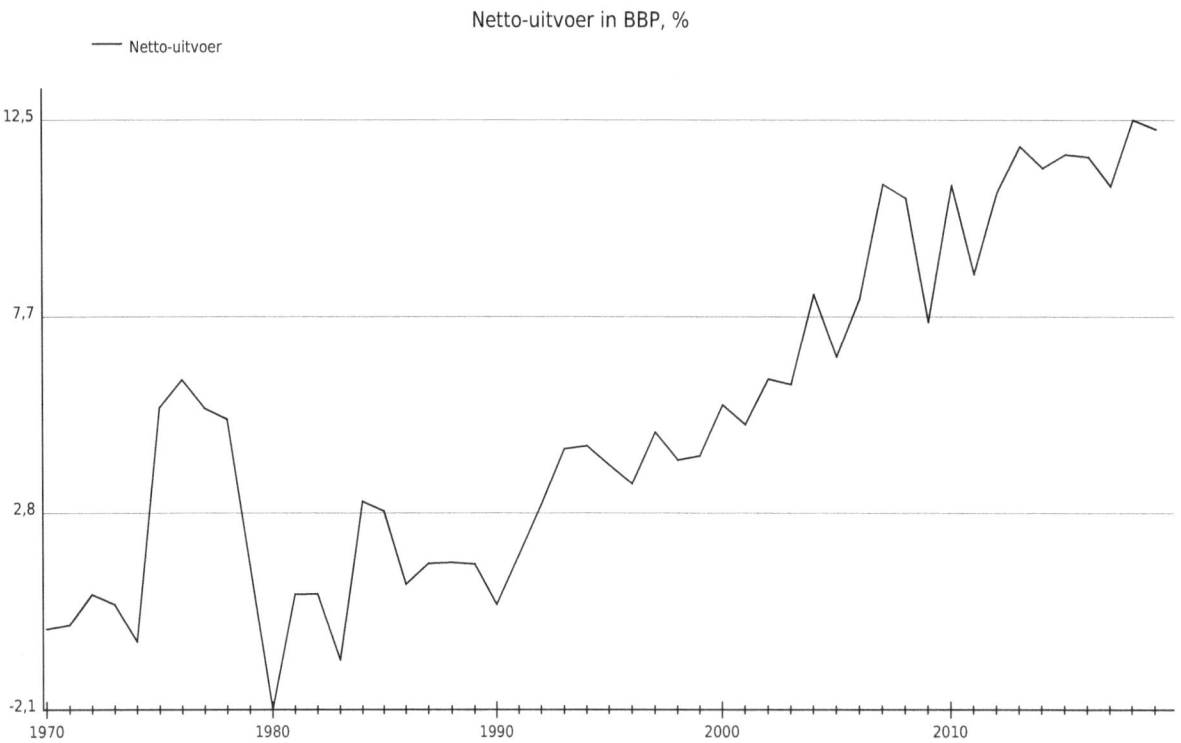

Netto-uitvoer in BBP, %

Hoofdstuk X. Uitvoer

Uitvoer van goederen en diensten

De uitvoer van Liechtenstein steeg van US$129,6 miljoen per jaar in de jaren 1970 tot US$4,2 miljard per jaar in de jaren 2010, dat wil zeggen met US$4,1 miljard of 32,3 keer. De verandering vond plaats op US$3,1 miljard als gevolg van een 3,8-voudige stijging van de prijzen, en ook op US$902,2 miljoen als gevolg van een 5,4-voudige toename van het tarief per hoofd , evenals op US$77,3 miljoen als gevolg van de toename van de bevolking. De gemiddelde jaarlijkse groei van de export is 5,2%. De minimumwaarde van de export bedroeg US$46,6 miljoen in 1970. De maximumwaarde van de export bedroeg US$4,6 miljard in 2013.

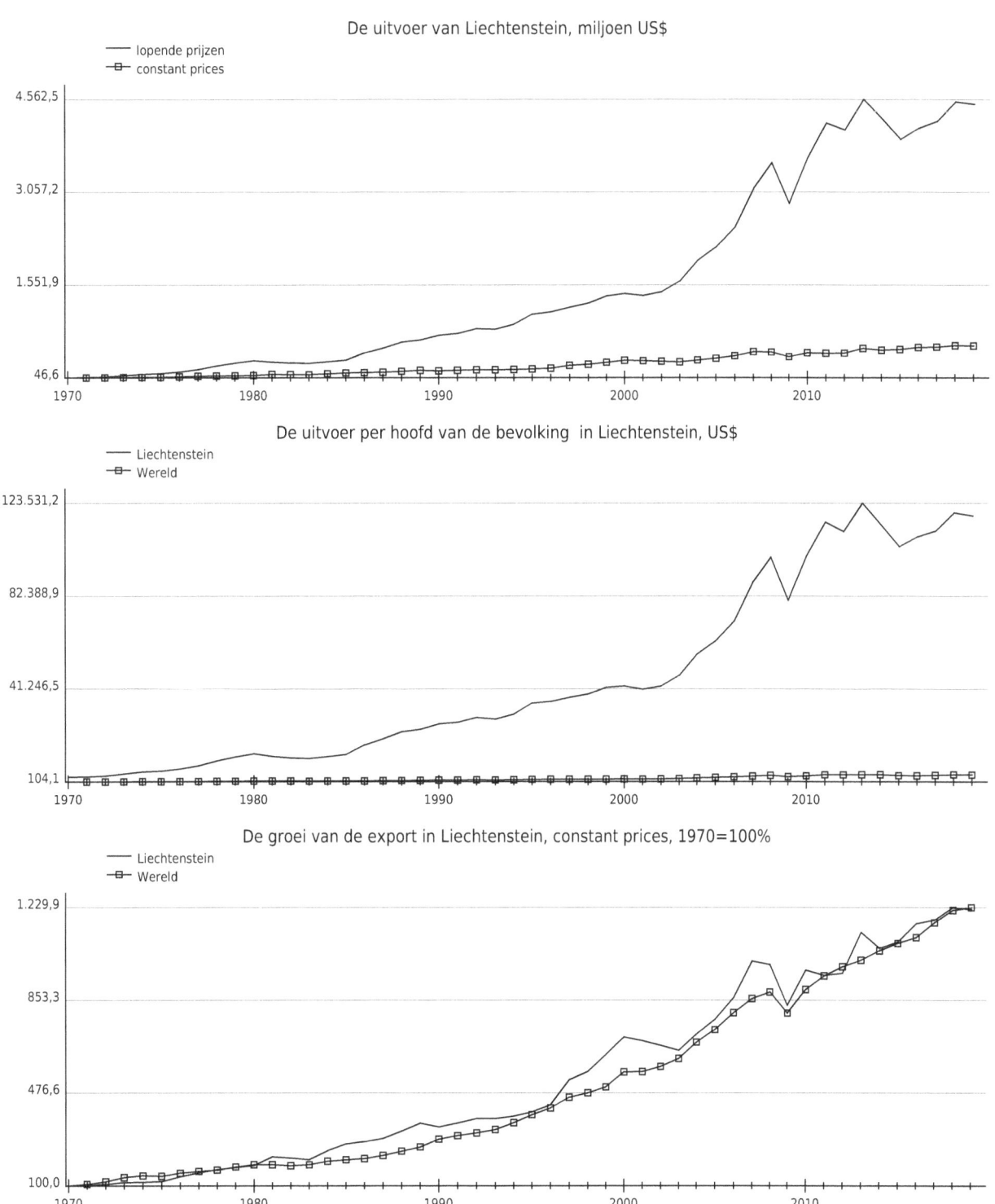

De uitvoer van Liechtenstein, miljoen US$

De uitvoer per hoofd van de bevolking in Liechtenstein, US$

De groei van de export in Liechtenstein, constant prices, 1970=100%

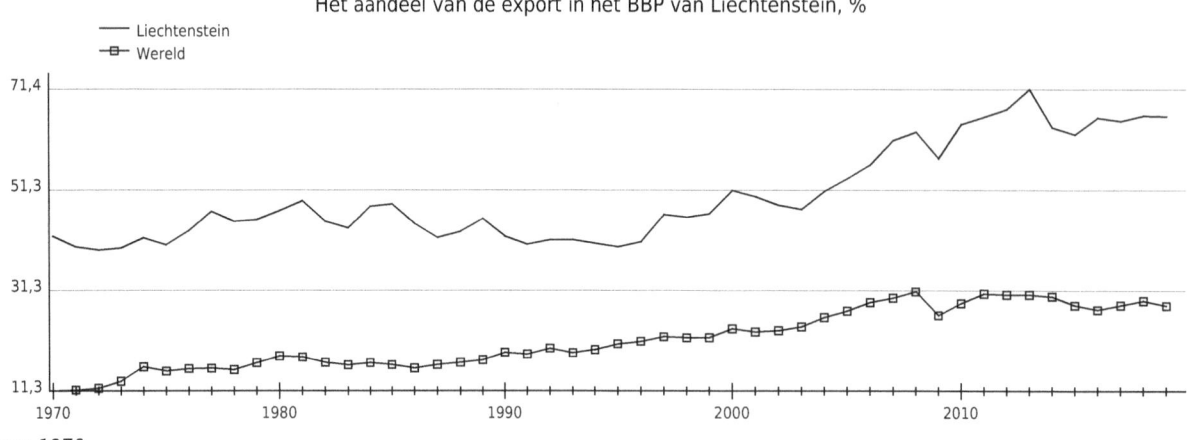

Het aandeel van de export in het BBP van Liechtenstein, %

de jaren 1970

De uitvoer van Liechtenstein bedroeg in de jaren 1970 US$129,6 miljoen per jaar, stond op de 133e plaats in de wereld, en was vergelijkbaar met Mali (US$131,8 miljoen). Het aandeel in de wereld was 0,013%, en 0,028% in Europa.

Het aandeel van de export in het BBP van Liechtenstein was 43,5% in de jaren 1970, stond op de 53e plaats in de wereld, en was vergelijkbaar met Honduras (43,6%), Zwitserland (43,2%).

De uitvoer per hoofd in Liechtenstein was $5.562,8 in de jaren 1970s, stond op de 8e plaats in de wereld. De waarde van de export per hoofd in Liechtenstein was in 23,0 keer hoger dan de export per hoofd van de bevolking in de wereld ($242,1), en was in 8,6 keer hoger dan de export per hoofd van de bevolking in Europa ($242,1).

De groei van de export in Liechtenstein bedroeg 6.3% in de jaren 1970, stond op de 82e plaats in de wereld, en was vergelijkbaar met Amerika (6,4%). De groei van de export in Liechtenstein (6,3%) was minder dan de groei van de export in de wereld (6,5%), was groter dan de groei van de export in Europa (6,1%).

Vergelijking met buren. De waarde van de export in Liechtenstein was minder dan in Zwitserland (US$26,2 miljard) en in Oostenrijk (US$11,2 miljard). De uitvoer per hoofd in Liechtenstein was groter dan in Zwitserland (US$4,2 duizend) en in Oostenrijk (US$1.474,0). De groei van de export in Liechtenstein was groter dan in Zwitserland (4,1%); maar minder dan in Oostenrijk (7,0%).

Vergelijking met leiders. De waarde van de export in Liechtenstein was minder dan in de Verenigde Staten (US$128,0 miljard), in Duitsland (US$82,9 miljard), in Frankrijk (US$64,3 miljard), in Japan (US$64,1 miljard) en in het Verenigd Koninkrijk (US$61,3 miljard). De waarde van de export per hoofd in Liechtenstein was groter dan in Frankrijk (US$1.199,1), in het Verenigd Koninkrijk (US$1.094,1), in Duitsland (US$1.052,2), in de Verenigde Staten (US$586,5) en in Japan (US$575,8). De groei van de export in Liechtenstein was groter dan in Duitsland (5,1%) en in het Verenigd Koninkrijk (5,0%); maar minder dan in Japan (8,6%), in Frankrijk (7,8%) en in de Verenigde Staten (6,8%).

de jaren 1980

De waarde van de export in Liechtenstein bedroeg in de jaren 1980 US$409,1 miljoen per jaar, stond op de 123e plaats in de wereld, en was vergelijkbaar met de Kaaimaneilanden (US$407,3 miljoen). Het aandeel in de wereld was 0,016%, en 0,035% in Europa.

Het aandeel van de export in het BBP van Liechtenstein was 45,2% in de jaren 1980, stond op de 47e plaats in de wereld, en was vergelijkbaar met Belize (45,2%), Zwitserland (45,3%), de Marshalleilanden (45,0%).

De uitvoer per hoofd in Liechtenstein was $15.053,9 in de jaren 1980s, stond op de 4e plaats in de wereld, en was vergelijkbaar met Brunei (US$15,0 duizend). De uitvoer per hoofd in Liechtenstein was in 28,4 keer hoger dan de export per hoofd van de bevolking in de wereld ($529,9), en was in 9,9 keer hoger dan de export per hoofd van de bevolking in Europa ($529,9).

De groei van de export in Liechtenstein bedroeg 7.4% in de jaren 1980, stond op de 38e plaats in de wereld, en was vergelijkbaar met Zimbabwe (7,4%), Frans-Polynesië (7,4%). De groei van de export in Liechtenstein (7,4%) was groter dan de groei van de export in de wereld (3,8%), was groter dan de groei van de export in Europa (4,0%).

Vergelijking met buren. De uitvoer van Liechtenstein was minder dan in Zwitserland (US$64,5 miljard) en in Oostenrijk (US$30,2 miljard). De waarde van de export per hoofd in Liechtenstein was groter dan in Zwitserland (US$10,0 duizend) en in Oostenrijk

(US$4,0 duizend). De groei van de export in Liechtenstein was groter dan in Zwitserland (5,0%) en in Oostenrijk (4,5%).

Vergelijking met leiders. De waarde van de export in Liechtenstein was minder dan in de Verenigde Staten (US$338,6 miljard), in Japan (US$210,6 miljard), in Duitsland (US$208,1 miljard), in Frankrijk (US$155,9 miljard) en in het Verenigd Koninkrijk (US$155,0 miljard). De uitvoer per hoofd in Liechtenstein was groter dan in Frankrijk (US$2,8 duizend), in het Verenigd Koninkrijk (US$2,7 duizend), in Duitsland (US$2,7 duizend), in Japan (US$1.736,5) en in de Verenigde Staten (US$1.413,8). De groei van de export in Liechtenstein was groter dan in Japan (6,7%), in de Verenigde Staten (5,7%), in Duitsland (4,7%), in Frankrijk (4,0%) en in het Verenigd Koninkrijk (3,0%).

de jaren 1990

De waarde van de export in Liechtenstein bedroeg in de jaren 1990 US$1,0 miljard per jaar, stond op de 128e plaats in de wereld, en was vergelijkbaar met Barbados (US$1,0 miljard), Tanzania (US$1,0 miljard), Fiji (US$1,0 miljard). Het aandeel in de wereld was 0,017%, en 0,037% in Europa.

Het aandeel van de export in het BBP van Liechtenstein was 42,8% in de jaren 1990, stond op de 64e plaats in de wereld, en was vergelijkbaar met Barbados (43,0%), Zwitserland (42,6%), Grenada (43,2%).

De uitvoer per hoofd in Liechtenstein was $32.942,7 in de jaren 1990s, stond op de 5e plaats in de wereld. De uitvoer per hoofd in Liechtenstein was in 32,0 keer hoger dan de export per hoofd van de bevolking in de wereld ($1.029,5), en was in 8,6 keer hoger dan de export per hoofd van de bevolking in Europa ($1.029,5).

De groei van de export in Liechtenstein bedroeg 6% in de jaren 1990, stond op de 79e plaats in de wereld, en was vergelijkbaar met Peru (5,9%), Oman (6,0%). De groei van de export in Liechtenstein (6,0%) was minder dan de groei van de export in de wereld (6,9%), was minder dan de groei van de export in Europa (6,5%).

Vergelijking met buren. De uitvoer van Liechtenstein was minder dan in Zwitserland (US$125,2 miljard) en in Oostenrijk (US$72,0 miljard). De uitvoer per hoofd in Liechtenstein was groter dan in Zwitserland (US$18,1 duizend) en in Oostenrijk (US$9,1 duizend). De groei van de export in Liechtenstein was groter dan in Oostenrijk (5,3%) en in Zwitserland (3,1%).

Vergelijking met leiders. De uitvoer van Liechtenstein was minder dan in de Verenigde Staten (US$773,6 miljard), in Duitsland (US$509,0 miljard), in Japan (US$418,7 miljard), in Frankrijk (US$329,8 miljard) en in het Verenigd Koninkrijk (US$324,3 miljard). De waarde van de export per hoofd in Liechtenstein was groter dan in Duitsland (US$6,3 duizend), in het Verenigd Koninkrijk (US$5,6 duizend), in Frankrijk (US$5,6 duizend), in Japan (US$3,3 duizend) en in de Verenigde Staten (US$2,9 duizend). De groei van de export in Liechtenstein was groter dan in het Verenigd Koninkrijk (5,7%) en in Japan (4,2%); maar minder dan in de Verenigde Staten (7,2%), in Frankrijk (6,5%) en in Duitsland (6,0%).

de jaren 2000

De waarde van de export in Liechtenstein bedroeg in de jaren 2000 US$2,2 miljard per jaar, stond op de 128e plaats in de wereld, en was vergelijkbaar met Tsjaad (US$2,2 miljard), Noord-Macedonië (US$2,2 miljard), Senegal (US$2,3 miljard). Het aandeel in de wereld was 0,017%, en 0,039% in Europa.

Het aandeel van de export in het BBP van Liechtenstein was 55,1% in de jaren 2000, stond op de 49e plaats in de wereld, en was vergelijkbaar met Mauritius (55,1%), Zwitserland (55,1%), Cyprus (55,5%).

De waarde van de export per hoofd in Liechtenstein was $63.630,7 in de jaren 2000s, stond op de 4e plaats in de wereld, en was vergelijkbaar met Singapore (US$64,0 duizend). De uitvoer per hoofd in Liechtenstein was in 32,9 keer hoger dan de export per hoofd van de bevolking in de wereld ($1.933,7), en was in 8,3 keer hoger dan de export per hoofd van de bevolking in Europa ($1.933,7).

De groei van de export in Liechtenstein bedroeg 2.8% in de jaren 2000, stond op de 145e plaats in de wereld, en was vergelijkbaar met Laos (2,8%), het Verenigd Koninkrijk (2,8%). De groei van de export in Liechtenstein (2,8%) was minder dan de groei van de export in de wereld (4,8%), was minder dan de groei van de export in Europa (3,8%).

Vergelijking met buren. De waarde van de export in Liechtenstein was minder dan in Zwitserland (US$227,5 miljard) en in Oostenrijk (US$146,6 miljard). De waarde van de export per hoofd in Liechtenstein was groter dan in Zwitserland (US$30,8 duizend) en in Oostenrijk (US$17,8 duizend). De groei van de export in Liechtenstein was minder dan in Oostenrijk (4,0%) en in Zwitserland (3,7%).

Vergelijking met leiders. De uitvoer van Liechtenstein was minder dan in de Verenigde Staten (US$1,3 biljoen), in Duitsland (US$1,0 biljoen), in China (US$780,2 miljard), in Japan (US$626,3 miljard) en in het Verenigd Koninkrijk (US$591,1 miljard). De waarde van de export per hoofd in Liechtenstein was groter dan in Duitsland (US$12,8 duizend), in het Verenigd Koninkrijk (US$9,8 duizend), in Japan (US$4,9 duizend), in de Verenigde Staten (US$4,5 duizend) en in China (US$588,1). De groei van de export in Liechtenstein was minder dan in China (12,7%), in Duitsland (5,0%), in Japan (3,5%), in de Verenigde Staten (3,3%) en in het Verenigd Koninkrijk (2,8%).

de jaren 2010

De uitvoer van Liechtenstein bedroeg in de jaren 2010 US$4,2 miljard per jaar, stond op de 133e plaats in de wereld, en was vergelijkbaar met Zimbabwe (US$4,2 miljard). Het aandeel in de wereld was 0,018%, en 0,047% in Europa.

Het aandeel van de export in het BBP van Liechtenstein was 65,8% in de jaren 2010, stond op de 34e plaats in de wereld, en was vergelijkbaar met Zwitserland (65,8%), de Kaaimaneilanden (65,4%).

De waarde van de export per hoofd in Liechtenstein was $112.701,2 in de jaren 2010s, stond op de 2e plaats in de wereld. De uitvoer per hoofd in Liechtenstein was in 36,4 keer hoger dan de export per hoofd van de bevolking in de wereld ($3.098,9), en was in 9,3 keer hoger dan de export per hoofd van de bevolking in Europa ($3.098,9).

De groei van de export in Liechtenstein bedroeg 3.9% in de jaren 2010, stond op de 109e plaats in de wereld, en was vergelijkbaar met Nieuw-Caledonië (3,9%), Israël (3,9%), IJsland (3,9%). De groei van de export in Liechtenstein (3,9%) was minder dan de groei van de export in de wereld (4,4%), was minder dan de groei van de export in Europa (4,4%).

Vergelijking met buren. De waarde van de export in Liechtenstein was 110,5 keer minder dan in Zwitserland (US$463,2 miljard) en 53,8 keer minder dan in Oostenrijk (US$225,7 miljard). De uitvoer per hoofd in Liechtenstein was 2,0 keer groter dan in Zwitserland (US$56,3 duizend) en 4,3 keer groter dan in Oostenrijk (US$26,0 duizend). De groei van de export in Liechtenstein was groter dan in Zwitserland (3,7%); maar minder dan in Oostenrijk (4,3%).

Vergelijking met leiders. De waarde van de export in Liechtenstein was 547,1 keer minder dan in China (US$2,3 biljoen), 541,5 keer minder dan in de Verenigde Staten (US$2,3 biljoen), 401,6 keer minder dan in Duitsland (US$1,7 biljoen), 205,0 keer minder dan in Japan (US$859,4 miljard) en 194,5 keer minder dan in het Verenigd Koninkrijk (US$815,1 miljard). De waarde van de export per hoofd in Liechtenstein was 5,5 keer groter dan in Duitsland (US$20,6 duizend), 9,1 keer groter dan in het Verenigd Koninkrijk (US$12,4 duizend), 15,9 keer groter dan in de Verenigde Staten (US$7,1 duizend), 16,8 keer groter dan in Japan (US$6,7 duizend) en 68,9 keer groter dan in China (US$1.635,3). De groei van de export in Liechtenstein was groter dan in de Verenigde Staten (3,7%) en in het Verenigd Koninkrijk (3,1%); maar minder dan in China (6,8%), in Duitsland (4,7%) en in Japan (4,6%).

Hoofdstuk XI. Invoer

Invoer van goederen en diensten

De waarde van de invoer in Liechtenstein steeg van US$120,3 miljoen per jaar in de jaren 1970 tot US$3,5 miljard per jaar in de jaren 2010, dat wil zeggen met US$3,4 miljard of 28,9 keer. De verandering vond plaats op US$2,4 miljard als gevolg van een 3,3-voudige stijging van de prijzen, en ook op US$847,2 miljoen als gevolg van een 5,4-voudige toename van het tarief per hoofd , evenals op US$71,8 miljoen als gevolg van de toename van de bevolking. De gemiddelde jaarlijkse groei van de invoer is 5,1%. De minimumwaarde van de invoer bedroeg US$46,7 miljoen in 1970. De maximumwaarde van de invoer bedroeg US$3,8 miljard in 2013.

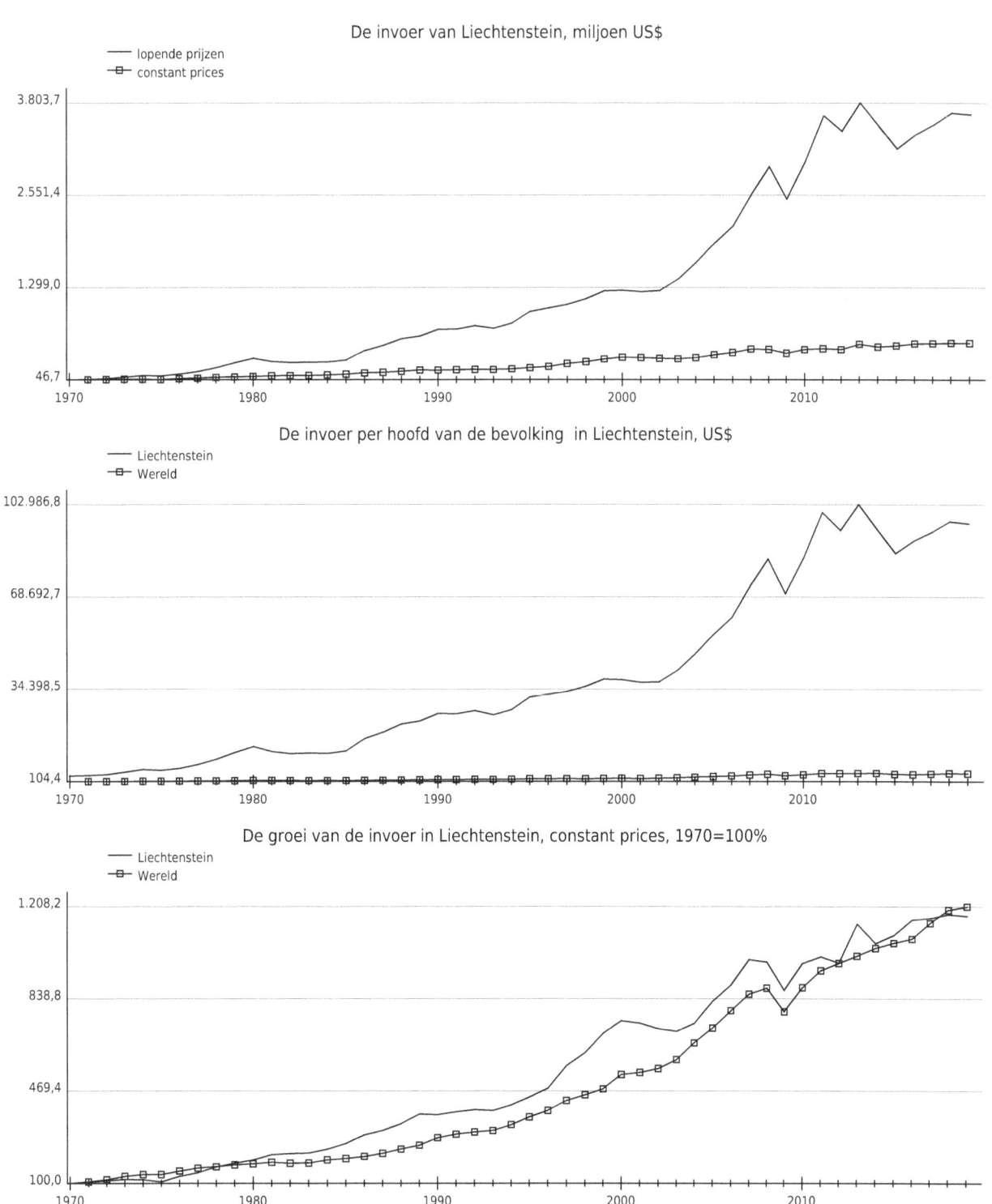

De invoer van Liechtenstein, miljoen US$

De invoer per hoofd van de bevolking in Liechtenstein, US$

De groei van de invoer in Liechtenstein, constant prices, 1970=100%

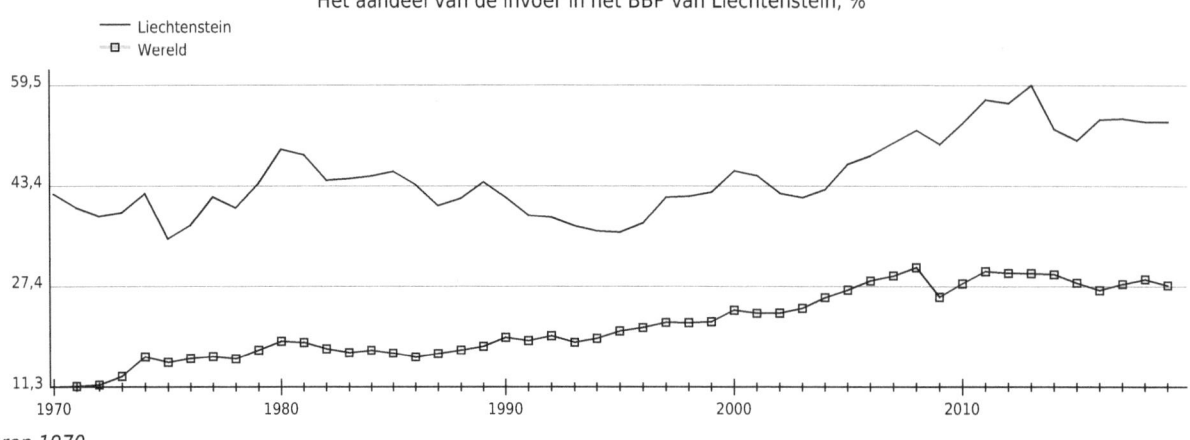

Het aandeel van de invoer in het BBP van Liechtenstein, %

de jaren 1970

De invoer van Liechtenstein bedroeg in de jaren 1970 US$120,3 miljoen per jaar, stond op de 147e plaats in de wereld, en was vergelijkbaar met Monaco (US$121,2 miljoen). Het aandeel in de wereld was 0,012%, en 0,025% in Europa.

Het aandeel van de invoer in het BBP van Liechtenstein was 40,4% in de jaren 1970, stond op de 72e plaats in de wereld, en was vergelijkbaar met Congo-Kinshasa (40,5%), Zwitserland (40,2%), Papoea-Nieuw-Guinea (40,1%).

De invoer per hoofd in Liechtenstein was $5.165,2 in de jaren 1970s, stond op de 4e plaats in de wereld. De waarde van de invoer per hoofd in Liechtenstein was in 21,1 keer hoger dan de invoer per hoofd van de bevolking in de wereld ($244,3), en was in 7,7 keer hoger dan de invoer per hoofd van de bevolking in Europa ($244,3).

De groei van de invoer in Liechtenstein bedroeg 6.8% in de jaren 1970, stond op de 79e plaats in de wereld, en was vergelijkbaar met Bahrein (6,7%), Guinee-Bissau (6,8%), de Marshalleilanden (6,8%). De groei van de invoer in Liechtenstein (6,8%) was groter dan de groei van de invoer in de wereld (6,3%), was groter dan de groei van de invoer in Europa (5,4%).

Vergelijking met buren. De invoer van Liechtenstein was minder dan in Zwitserland (US$24,3 miljard) en in Oostenrijk (US$11,8 miljard). De waarde van de invoer per hoofd in Liechtenstein was groter dan in Zwitserland (US$3,9 duizend) en in Oostenrijk (US$1.557,0). De groei van de invoer in Liechtenstein was groter dan in Zwitserland (4,5%); maar minder dan in Oostenrijk (7,1%).

Vergelijking met leiders. De waarde van de invoer in Liechtenstein was minder dan in de Verenigde Staten (US$133,2 miljard), in Duitsland (US$92,5 miljard), in Frankrijk (US$63,3 miljard), in het Verenigd Koninkrijk (US$62,4 miljard) en in Japan (US$61,0 miljard). De waarde van de invoer per hoofd in Liechtenstein was groter dan in Frankrijk (US$1.181,1), in Duitsland (US$1.175,1), in het Verenigd Koninkrijk (US$1.113,2), in de Verenigde Staten (US$610,4) en in Japan (US$547,6). De groei van de invoer in Liechtenstein was groter dan in Duitsland (5,6%), in de Verenigde Staten (5,1%) en in het Verenigd Koninkrijk (4,5%); maar minder dan in Frankrijk (7,2%) en in Japan (7,0%).

de jaren 1980

De waarde van de invoer in Liechtenstein bedroeg in de jaren 1980 US$398,8 miljoen per jaar, stond op de 140e plaats in de wereld, en was vergelijkbaar met Aruba (US$405,6 miljoen). Het aandeel in de wereld was 0,015%, en 0,033% in Europa.

Het aandeel van de invoer in het BBP van Liechtenstein was 44,0% in de jaren 1980, stond op de 71e plaats in de wereld, en was vergelijkbaar met Cuba (44,1%), Zwitserland (44,2%).

De waarde van de invoer per hoofd in Liechtenstein was $14.674,4 in de jaren 1980s, stond op de 4e plaats in de wereld. De waarde van de invoer per hoofd in Liechtenstein was in 27,2 keer hoger dan de invoer per hoofd van de bevolking in de wereld ($539,1), en was in 9,5 keer hoger dan de invoer per hoofd van de bevolking in Europa ($539,1).

De groei van de invoer in Liechtenstein bedroeg 7.7% in de jaren 1980, stond op de 25e plaats in de wereld, en was vergelijkbaar met Bangladesh (7,6%), Nepal (7,6%). De groei van de invoer in Liechtenstein (7,7%) was groter dan de groei van de invoer in de wereld (3,8%), was groter dan de groei van de invoer in Europa (4,1%).

Vergelijking met buren. De invoer van Liechtenstein was minder dan in Zwitserland (US$62,9 miljard) en in Oostenrijk (US$31,0 miljard). De invoer per hoofd in Liechtenstein was groter dan in Zwitserland (US$9,8 duizend) en in Oostenrijk (US$4,1 duizend). De groei van de invoer in Liechtenstein was groter dan in Zwitserland (5,3%) en in Oostenrijk (3,7%).

Vergelijking met leiders. De waarde van de invoer in Liechtenstein was minder dan in de Verenigde Staten (US$417,2 miljard), in Duitsland (US$225,6 miljard), in Japan (US$175,9 miljard), in Frankrijk (US$162,0 miljard) en in het Verenigd Koninkrijk (US$157,7 miljard). De waarde van de invoer per hoofd in Liechtenstein was groter dan in Duitsland (US$2,9 duizend), in Frankrijk (US$2,9 duizend), in het Verenigd Koninkrijk (US$2,8 duizend), in de Verenigde Staten (US$1.742,4) en in Japan (US$1.450,4). De groei van de invoer in Liechtenstein was groter dan in de Verenigde Staten (5,8%), in het Verenigd Koninkrijk (5,1%), in Japan (4,6%), in Frankrijk (4,3%) en in Duitsland (3,3%).

de jaren 1990

De invoer van Liechtenstein bedroeg in de jaren 1990 US$926,2 miljoen per jaar, stond op de 147e plaats in de wereld, en was vergelijkbaar met Albanië (US$914,0 miljoen), Armenië (US$947,0 miljoen), Noord-Korea (US$947,0 miljoen). Het aandeel in de wereld was 0,016%, en 0,035% in Europa.

Het aandeel van de invoer in het BBP van Liechtenstein was 39,2% in de jaren 1990, stond op de 104e plaats in de wereld, en was vergelijkbaar met Hongarije (39,2%), Zwitserland (39,1%).

De invoer per hoofd in Liechtenstein was $30.165,3 in de jaren 1990s, stond op de 4e plaats in de wereld. De invoer per hoofd in Liechtenstein was in 29,7 keer hoger dan de invoer per hoofd van de bevolking in de wereld ($1.015,5), en was in 8,3 keer hoger dan de invoer per hoofd van de bevolking in Europa ($1.015,5).

De groei van de invoer in Liechtenstein bedroeg 6.4% in de jaren 1990, stond op de 70e plaats in de wereld, en was vergelijkbaar met de Turks- en Caicoseilanden (6,4%), Duitsland (6,4%), Guyana (6,4%). De groei van de invoer in Liechtenstein (6,4%) was minder dan de groei van de invoer in de wereld (6,6%), was groter dan de groei van de invoer in Europa (5,9%).

Vergelijking met buren. De invoer van Liechtenstein was minder dan in Zwitserland (US$114,9 miljard) en in Oostenrijk (US$73,6 miljard). De waarde van de invoer per hoofd in Liechtenstein was groter dan in Zwitserland (US$16,6 duizend) en in Oostenrijk (US$9,3 duizend). De groei van de invoer in Liechtenstein was groter dan in Oostenrijk (4,6%) en in Zwitserland (3,5%).

Vergelijking met leiders. De invoer van Liechtenstein was minder dan in de Verenigde Staten (US$874,1 miljard), in Duitsland (US$501,6 miljard), in Japan (US$355,9 miljard), in het Verenigd Koninkrijk (US$330,2 miljard) en in Frankrijk (US$308,5 miljard). De waarde van de invoer per hoofd in Liechtenstein was groter dan in Duitsland (US$6,2 duizend), in het Verenigd Koninkrijk (US$5,7 duizend), in Frankrijk (US$5,2 duizend), in de Verenigde Staten (US$3,3 duizend) en in Japan (US$2,8 duizend). De groei van de invoer in Liechtenstein was groter dan in Duitsland (6,4%), in Frankrijk (5,1%), in het Verenigd Koninkrijk (5,1%) en in Japan (3,3%); maar minder dan in de Verenigde Staten (8,3%).

de jaren 2000

De invoer van Liechtenstein bedroeg in de jaren 2000 US$1,9 miljard per jaar, stond op de 147e plaats in de wereld, en was vergelijkbaar met Kosovo (US$1,9 miljard), Haïti (US$1,9 miljard), Kirgizië (US$1,9 miljard). Het aandeel in de wereld was 0,015%, en 0,035% in Europa.

Het aandeel van de invoer in het BBP van Liechtenstein was 47,3% in de jaren 2000, stond op de 96e plaats in de wereld, en was vergelijkbaar met Zwitserland (47,2%), Barbados (47,6%), Angola (47,7%).

De invoer per hoofd in Liechtenstein was $54.541,3 in de jaren 2000s, stond op de 4e plaats in de wereld. De waarde van de invoer per hoofd in Liechtenstein was in 28,7 keer hoger dan de invoer per hoofd van de bevolking in de wereld ($1.899,9), en was in 7,5 keer hoger dan de invoer per hoofd van de bevolking in Europa ($1.899,9).

De groei van de invoer in Liechtenstein bedroeg 2.2% in de jaren 2000, stond op de 168e plaats in de wereld. De groei van de invoer in Liechtenstein (2,2%) was minder dan de groei van de invoer in de wereld (5,1%), was minder dan de groei van de invoer in Europa (4,0%).

Vergelijking met buren. De invoer van Liechtenstein was minder dan in Zwitserland (US$195,1 miljard) en in Oostenrijk (US$136,5 miljard). De invoer per hoofd in Liechtenstein was groter dan in Zwitserland (US$26,4 duizend) en in Oostenrijk (US$16,6 duizend). De groei van de invoer in Liechtenstein was minder dan in Oostenrijk (3,1%) en in Zwitserland (3,1%).

Vergelijking met leiders. De waarde van de invoer in Liechtenstein was minder dan in de Verenigde Staten (US$1,9 biljoen), in

Duitsland (US$914,7 miljard), in het Verenigd Koninkrijk (US$641,8 miljard), in China (US$641,1 miljard) en in Japan (US$566,4 miljard). De invoer per hoofd in Liechtenstein was groter dan in Duitsland (US$11,2 duizend), in het Verenigd Koninkrijk (US$10,6 duizend), in de Verenigde Staten (US$6,4 duizend), in Japan (US$4,4 duizend) en in China (US$483,3). De groei van de invoer in Liechtenstein was groter dan in Japan (1,8%); maar minder dan in China (15,1%), in Duitsland (3,7%), in het Verenigd Koninkrijk (3,1%) en in de Verenigde Staten (2,8%).

de jaren 2010

De waarde van de invoer in Liechtenstein bedroeg in de jaren 2010 US$3,5 miljard per jaar, stond op de 151e plaats in de wereld. Het aandeel in de wereld was 0,016%, en 0,042% in Europa.

Het aandeel van de invoer in het BBP van Liechtenstein was 54,6% in de jaren 2010, stond op de 77e plaats in de wereld, en was vergelijkbaar met Zwitserland (54,6%), Puerto Rico (54,8%), Saint Kitts en Nevis (54,1%).

De waarde van de invoer per hoofd in Liechtenstein was $93.391,0 in de jaren 2010s, stond op de 2e plaats in de wereld. De waarde van de invoer per hoofd in Liechtenstein was in 31,0 keer hoger dan de invoer per hoofd van de bevolking in de wereld ($3.015,6), en was in 8,4 keer hoger dan de invoer per hoofd van de bevolking in Europa ($3.015,6).

De groei van de invoer in Liechtenstein bedroeg 3% in de jaren 2010, stond op de 140e plaats in de wereld, en was vergelijkbaar met Andorra (3,0%), de Turks- en Caicoseilanden (3,0%), Palestina (3,0%). De groei van de invoer in Liechtenstein (3,0%) was minder dan de groei van de invoer in de wereld (4,4%), was minder dan de groei van de invoer in Europa (4,3%).

Vergelijking met buren. De invoer van Liechtenstein was 110,5 keer minder dan in Zwitserland (US$383,9 miljard) en 61,0 keer minder dan in Oostenrijk (US$212,0 miljard). De waarde van de invoer per hoofd in Liechtenstein was 2,0 keer groter dan in Zwitserland (US$46,7 duizend) en 3,8 keer groter dan in Oostenrijk (US$24,5 duizend). De groei van de invoer in Liechtenstein was groter dan in Zwitserland (2,8%); maar minder dan in Oostenrijk (4,2%).

Vergelijking met leiders. De waarde van de invoer in Liechtenstein was 811,1 keer minder dan in de Verenigde Staten (US$2,8 biljoen), 595,7 keer minder dan in China (US$2,1 biljoen), 418,8 keer minder dan in Duitsland (US$1,5 biljoen), 252,8 keer minder dan in Japan (US$877,9 miljard) en 246,1 keer minder dan in het Verenigd Koninkrijk (US$854,8 miljard). De waarde van de invoer per hoofd in Liechtenstein was 5,3 keer groter dan in Duitsland (US$17,8 duizend), 7,2 keer groter dan in het Verenigd Koninkrijk (US$13,0 duizend), 10,6 keer groter dan in de Verenigde Staten (US$8,8 duizend), 13,6 keer groter dan in Japan (US$6,9 duizend) en 63,3 keer groter dan in China (US$1.475,4). De groei van de invoer in Liechtenstein was minder dan in China (8,2%), in Duitsland (4,8%), in de Verenigde Staten (4,4%), in Japan (3,8%) en in het Verenigd Koninkrijk (3,6%).

Part IV. Verbruik

Hoofdstuk XII. Overheidsuitgaven

Consumptie-uitgaven van de overheid

De overheidsuitgaven van Liechtenstein steeg van US$29,2 miljoen per jaar in de jaren 1970 tot US$715,6 miljoen per jaar in de jaren 2010, dat wil zeggen met US$686,5 miljoen of 24,5 keer. De verandering vond plaats op US$611,7 miljoen als gevolg van een 6,9-voudige stijging van de prijzen, en ook op US$57,4 miljoen als gevolg van een 2,2-voudige toename van het tarief per hoofd , evenals op US$17,4 miljoen als gevolg van de toename van de bevolking. De gemiddelde jaarlijkse groei van de overheidsuitgaven is 3,1%. De minimumwaarde van de overheidsuitgaven bedroeg US$9,1 miljoen in 1970. De maximumwaarde van de overheidsuitgaven bedroeg US$758,7 miljoen in 2019.

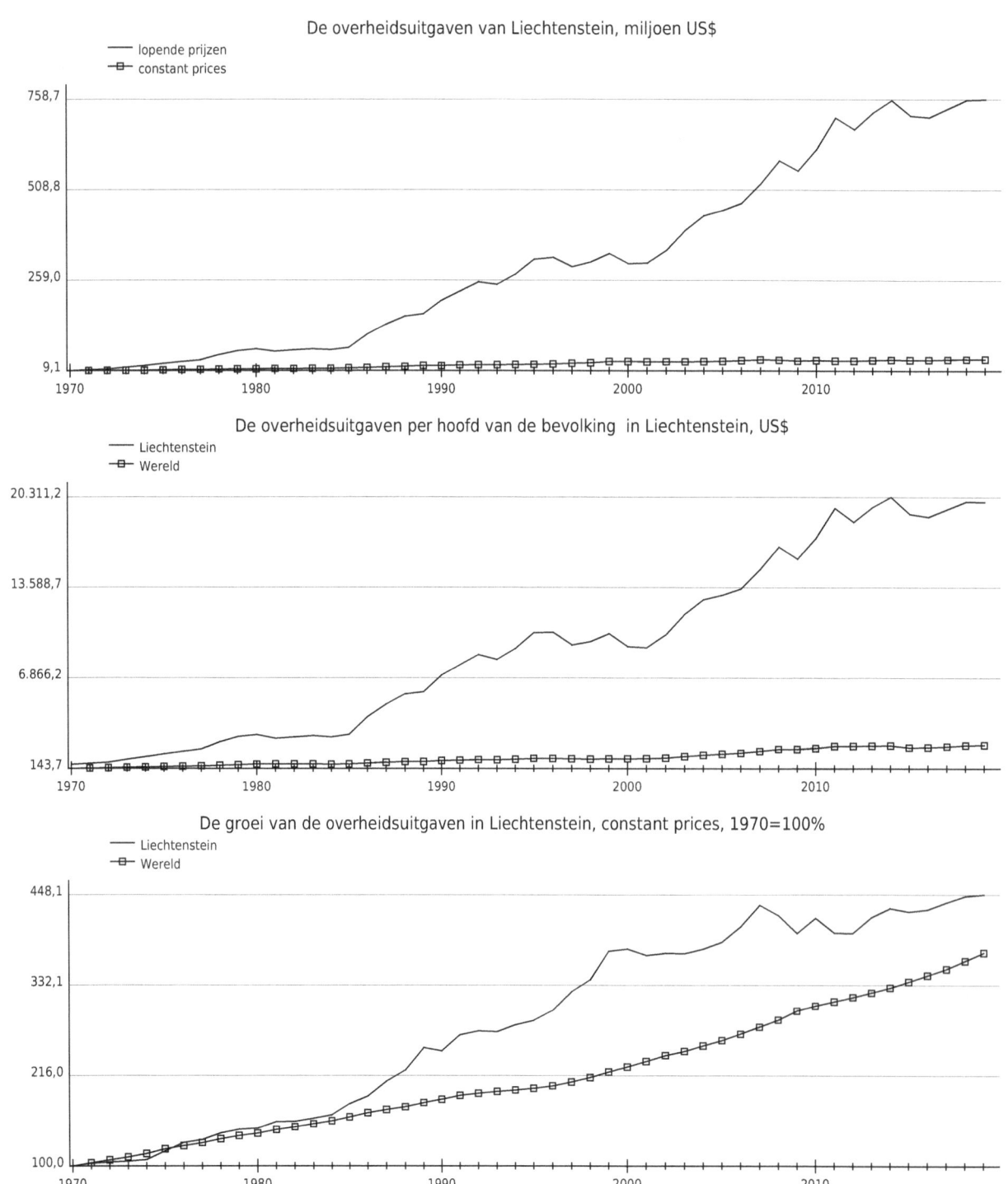

De overheidsuitgaven van Liechtenstein, miljoen US$

De overheidsuitgaven per hoofd van de bevolking in Liechtenstein, US$

De groei van de overheidsuitgaven in Liechtenstein, constant prices, 1970=100%

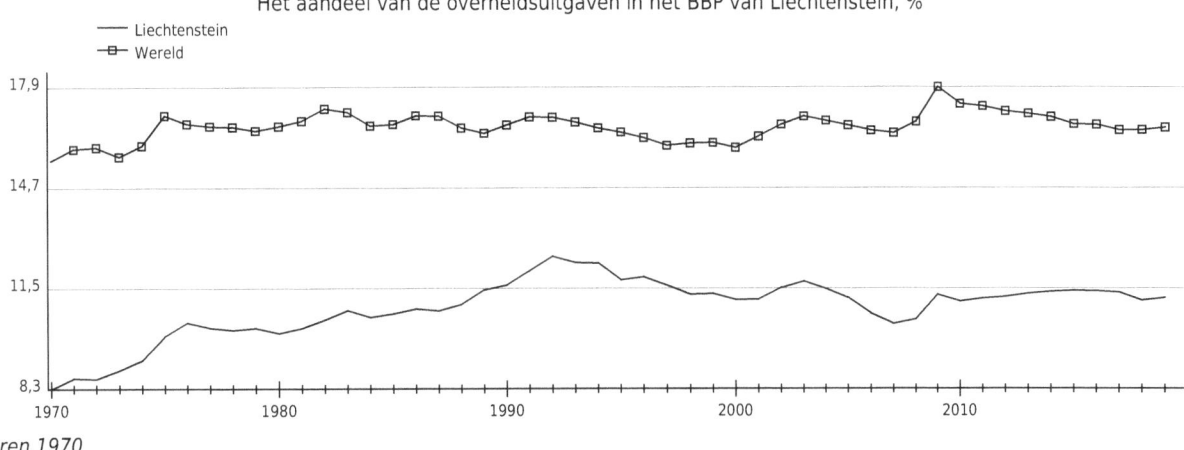

Het aandeel van de overheidsuitgaven in het BBP van Liechtenstein, %

de jaren 1970

De overheidsuitgaven van Liechtenstein bedroeg in de jaren 1970 US$29,2 miljoen per jaar, stond op de 151e plaats in de wereld, en was vergelijkbaar met Cambodja (US$29,0 miljoen), Andorra (US$29,7 miljoen). Het aandeel in de wereld was 0,0027%, en 0,0059% in Europa.

Het aandeel van de overheidsuitgaven in het BBP van Liechtenstein was 9,8% in de jaren 1970, stond op de 156e plaats in de wereld, en was vergelijkbaar met Bermuda (9,8%), Turkije (9,8%), Zwitserland (9,7%).

De overheidsuitgaven per hoofd in Liechtenstein was $1.252,6 in de jaren 1970s, stond op de 15e plaats in de wereld, en was vergelijkbaar met San Marino (US$1.236,5). De overheidsuitgaven per hoofd in Liechtenstein was in 4,7 keer hoger dan de overheidsuitgaven per hoofd van de bevolking in de wereld ($265,2), en was 84,5% hoger dan de overheidsuitgaven per hoofd van de bevolking in Europa ($265,2).

De groei van de overheidsuitgaven in Liechtenstein bedroeg 4.4% in de jaren 1970, stond op de 111e plaats in de wereld, en was vergelijkbaar met Melanesië (4,3%), België (4,3%), West-Europa (4,4%). De groei van de overheidsuitgaven in Liechtenstein (4,4%) was groter dan de groei van de overheidsuitgaven in de wereld (3,7%), was minder dan de groei van de overheidsuitgaven in Europa (4,5%).

Vergelijking met buren. De overheidsuitgaven van Liechtenstein was minder dan in Oostenrijk (US$6,4 miljard) en in Zwitserland (US$5,9 miljard). De overheidsuitgaven per hoofd in Liechtenstein was groter dan in Zwitserland (US$937,8) en in Oostenrijk (US$847,4). De groei van de overheidsuitgaven in Liechtenstein was groter dan in Oostenrijk (3,6%) en in Zwitserland (2,2%).

Vergelijking met leiders. De overheidsuitgaven van Liechtenstein was minder dan in de Verenigde Staten (US$285,9 miljard), in de Sovjet-Unie (US$117,3 miljard), in Duitsland (US$95,6 miljard), in Japan (US$78,0 miljard) en in Frankrijk (US$64,5 miljard). De overheidsuitgaven per hoofd in Liechtenstein was groter dan in Duitsland (US$1.213,7), in Frankrijk (US$1.202,3), in Japan (US$700,2) en in de Sovjet-Unie (US$465,0); maar minder dan in de Verenigde Staten (US$1.310,2). De groei van de overheidsuitgaven in Liechtenstein was groter dan in de Verenigde Staten (0,94%); maar minder dan in de Sovjet-Unie (7,2%), in Japan (5,3%), in Frankrijk (5,0%) en in Duitsland (4,4%).

de jaren 1980

De overheidsuitgaven van Liechtenstein bedroeg in de jaren 1980 US$97,6 miljoen per jaar, stond op de 146e plaats in de wereld. Het aandeel in de wereld was 0,0039%, en 0,0090% in Europa.

Het aandeel van de overheidsuitgaven in het BBP van Liechtenstein was 10,8% in de jaren 1980, stond op de 151e plaats in de wereld, en was vergelijkbaar met de Verenigde Arabische Emiraten (10,8%), Singapore (10,8%), Zwitserland (10,7%).

De overheidsuitgaven per hoofd in Liechtenstein was $3.590,1 in de jaren 1980s, stond op de 6e plaats in de wereld. De overheidsuitgaven per hoofd in Liechtenstein was in 6,9 keer hoger dan de overheidsuitgaven per hoofd van de bevolking in de wereld ($523,5), en was in 2,6 keer hoger dan de overheidsuitgaven per hoofd van de bevolking in Europa ($523,5).

De groei van de overheidsuitgaven in Liechtenstein bedroeg 5.5% in de jaren 1980, stond op de 43e plaats in de wereld, en was vergelijkbaar met Tunesië (5,5%). De groei van de overheidsuitgaven in Liechtenstein (5,5%) was groter dan de groei van de overheidsuitgaven in de wereld (2,7%), was groter dan de groei van de overheidsuitgaven in Europa (2,3%).

Vergelijking met buren. De overheidsuitgaven van Liechtenstein was minder dan in Oostenrijk (US$17,0 miljard) en in Zwitserland (US$15,3 miljard). De overheidsuitgaven per hoofd in Liechtenstein was groter dan in Zwitserland (US$2,4 duizend) en in Oostenrijk (US$2,2 duizend). De groei van de overheidsuitgaven in Liechtenstein was groter dan in Zwitserland (3,2%) en in Oostenrijk (1,6%).

Vergelijking met leiders. De overheidsuitgaven van Liechtenstein was minder dan in de Verenigde Staten (US$665,3 miljard), in Japan (US$257,4 miljard), in Duitsland (US$203,7 miljard), in de Sovjet-Unie (US$181,1 miljard) en in Frankrijk (US$159,8 miljard). De overheidsuitgaven per hoofd in Liechtenstein was groter dan in Frankrijk (US$2,8 duizend), in de Verenigde Staten (US$2,8 duizend), in Duitsland (US$2,6 duizend), in Japan (US$2,1 duizend) en in de Sovjet-Unie (US$658,0). De groei van de overheidsuitgaven in Liechtenstein was groter dan in de Sovjet-Unie (5,4%), in Japan (3,5%), in Frankrijk (2,8%), in de Verenigde Staten (2,6%) en in Duitsland (0,98%).

de jaren 1990

De overheidsuitgaven van Liechtenstein bedroeg in de jaren 1990 US$278,4 miljoen per jaar, stond op de 152e plaats in de wereld, en was vergelijkbaar met Swaziland (US$275,8 miljoen), Tadzjikistan (US$282,3 miljoen), Albanië (US$284,6 miljoen). Het aandeel in de wereld was 0,0059%, en 0,015% in Europa.

Het aandeel van de overheidsuitgaven in het BBP van Liechtenstein was 11,8% in de jaren 1990, stond op de 153e plaats in de wereld, en was vergelijkbaar met Bermuda (11,8%), Maleisië (11,8%), Zwitserland (11,8%).

De overheidsuitgaven per hoofd in Liechtenstein was $9.066,3 in de jaren 1990s, stond op de 3e plaats in de wereld. De overheidsuitgaven per hoofd in Liechtenstein was in 11,0 keer hoger dan de overheidsuitgaven per hoofd van de bevolking in de wereld ($824,8), en was in 3,5 keer hoger dan de overheidsuitgaven per hoofd van de bevolking in Europa ($824,8).

De groei van de overheidsuitgaven in Liechtenstein bedroeg 4.1% in de jaren 1990, stond op de 54e plaats in de wereld. De groei van de overheidsuitgaven in Liechtenstein (4,1%) was groter dan de groei van de overheidsuitgaven in de wereld (2,0%), was groter dan de groei van de overheidsuitgaven in Europa (1,3%).

Vergelijking met buren. De overheidsuitgaven van Liechtenstein was minder dan in Oostenrijk (US$39,5 miljard) en in Zwitserland (US$34,7 miljard). De overheidsuitgaven per hoofd in Liechtenstein was groter dan in Zwitserland (US$5,0 duizend) en in Oostenrijk (US$5,0 duizend). De groei van de overheidsuitgaven in Liechtenstein was groter dan in Oostenrijk (2,8%) en in Zwitserland (1,3%).

Vergelijking met leiders. De overheidsuitgaven van Liechtenstein was minder dan in de Verenigde Staten (US$1,1 biljoen), in Japan (US$651,8 miljard), in Duitsland (US$419,6 miljard), in Frankrijk (US$325,4 miljard) en in het Verenigd Koninkrijk (US$234,6 miljard). De overheidsuitgaven per hoofd in Liechtenstein was groter dan in Frankrijk (US$5,5 duizend), in Duitsland (US$5,2 duizend), in Japan (US$5,2 duizend), in de Verenigde Staten (US$4,3 duizend) en in het Verenigd Koninkrijk (US$4,1 duizend). De groei van de overheidsuitgaven in Liechtenstein was groter dan in Japan (3,0%), in Duitsland (2,4%), in het Verenigd Koninkrijk (2,1%), in Frankrijk (1,8%) en in de Verenigde Staten (1,3%).

de jaren 2000

De overheidsuitgaven van Liechtenstein bedroeg in de jaren 2000 US$438,7 miljoen per jaar, stond op de 158e plaats in de wereld, en was vergelijkbaar met Fiji (US$440,7 miljoen). Het aandeel in de wereld was 0,0056%, en 0,014% in Europa.

Het aandeel van de overheidsuitgaven in het BBP van Liechtenstein was 11,0% in de jaren 2000, stond op de 170e plaats in de wereld, en was vergelijkbaar met Zwitserland (11,0%), Kameroen (10,9%), Kazachstan (11,1%).

De overheidsuitgaven per hoofd in Liechtenstein was $12.702,0 in de jaren 2000s, stond op de 4e plaats in de wereld, en was vergelijkbaar met Noorwegen (US$12,6 duizend), Luxemburg (US$13,0 duizend). De overheidsuitgaven per hoofd in Liechtenstein was in 10,6 keer hoger dan de overheidsuitgaven per hoofd van de bevolking in de wereld ($1.200,9), en was in 3,0 keer hoger dan de overheidsuitgaven per hoofd van de bevolking in Europa ($1.200,9).

De groei van de overheidsuitgaven in Liechtenstein bedroeg 0.6% in de jaren 2000, stond op de 196e plaats in de wereld. De groei van de overheidsuitgaven in Liechtenstein (0,59%) was minder dan de groei van de overheidsuitgaven in de wereld (3,1%), was minder dan de groei van de overheidsuitgaven in Europa (2,1%).

Vergelijking met buren. De overheidsuitgaven van Liechtenstein was minder dan in Oostenrijk (US$58,6 miljard) en in Zwitserland (US$45,5 miljard). De overheidsuitgaven per hoofd in Liechtenstein was groter dan in Oostenrijk (US$7,1 duizend) en in Zwitserland (US$6,2 duizend). De groei van de overheidsuitgaven in Liechtenstein was minder dan in Oostenrijk (1,6%) en in Zwitserland (1,5%).

Vergelijking met leiders. De overheidsuitgaven van Liechtenstein was minder dan in de Verenigde Staten (US$1,9 biljoen), in Japan (US$844,2 miljard), in Duitsland (US$520,1 miljard), in Frankrijk (US$479,9 miljard) en in het Verenigd Koninkrijk (US$453,4 miljard). De overheidsuitgaven per hoofd in Liechtenstein was groter dan in Frankrijk (US$7,6 duizend), in het Verenigd Koninkrijk (US$7,5 duizend), in Japan (US$6,6 duizend), in de Verenigde Staten (US$6,5 duizend) en in Duitsland (US$6,4 duizend). De groei van de overheidsuitgaven in Liechtenstein was minder dan in het Verenigd Koninkrijk (2,9%), in de Verenigde Staten (2,2%), in Japan (1,7%), in Frankrijk (1,7%) en in Duitsland (1,4%).

de jaren 2010

De overheidsuitgaven van Liechtenstein bedroeg in de jaren 2010 US$715,6 miljoen per jaar, stond op de 163e plaats in de wereld, en was vergelijkbaar met Guyana (US$719,2 miljoen). Het aandeel in de wereld was 0,0055%, en 0,017% in Europa.

Het aandeel van de overheidsuitgaven in het BBP van Liechtenstein was 11,2% in de jaren 2010, stond op de 170e plaats in de wereld, en was vergelijkbaar met Zwitserland (11,2%), Albanië (11,2%), Panama (11,2%).

De overheidsuitgaven per hoofd in Liechtenstein was $19.241,7 in de jaren 2010s, stond op de 4e plaats in de wereld, en was vergelijkbaar met Noorwegen (US$19,3 duizend). De overheidsuitgaven per hoofd in Liechtenstein was in 10,8 keer hoger dan de overheidsuitgaven per hoofd van de bevolking in de wereld ($1.785,1), en was in 3,4 keer hoger dan de overheidsuitgaven per hoofd van de bevolking in Europa ($1.785,1).

De groei van de overheidsuitgaven in Liechtenstein bedroeg 1.2% in de jaren 2010, stond op de 143e plaats in de wereld, en was vergelijkbaar met de Britse Maagdeneilanden (1,2%). De groei van de overheidsuitgaven in Liechtenstein (1,2%) was minder dan de groei van de overheidsuitgaven in de wereld (2,3%), was groter dan de groei van de overheidsuitgaven in Europa (0,99%).

Vergelijking met buren. De overheidsuitgaven van Liechtenstein was 115,9 keer minder dan in Oostenrijk (US$83,0 miljard) en 110,5 keer minder dan in Zwitserland (US$79,1 miljard). De overheidsuitgaven per hoofd in Liechtenstein was 2,0 keer groter dan in Zwitserland (US$9,6 duizend) en 2,0 keer groter dan in Oostenrijk (US$9,6 duizend). De groei van de overheidsuitgaven in Liechtenstein was groter dan in Zwitserland (0,99%) en in Oostenrijk (0,80%).

Vergelijking met leiders. De overheidsuitgaven van Liechtenstein was 3.707,6 keer minder dan in de Verenigde Staten (US$2,7 biljoen), 2.346,3 keer minder dan in China (US$1,7 biljoen), 1.457,4 keer minder dan in Japan (US$1,0 biljoen), 1.008,3 keer minder dan in Duitsland (US$721,6 miljard) en 891,4 keer minder dan in Frankrijk (US$637,9 miljard). De overheidsuitgaven per hoofd in Liechtenstein was 2,0 keer groter dan in Frankrijk (US$9,6 duizend), 2,2 keer groter dan in Duitsland (US$8,8 duizend), 2,3 keer groter dan in de Verenigde Staten (US$8,3 duizend), 2,4 keer groter dan in Japan (US$8,2 duizend) en 16,1 keer groter dan in China (US$1.197,3). De groei van de overheidsuitgaven in Liechtenstein was groter dan in de Verenigde Staten (0,0052%); maar minder dan in China (8,3%), in Duitsland (1,9%), in Japan (1,3%) en in Frankrijk (1,3%).

Hoofdstuk XIII. Huishoudelijke uitgaven

Consumptieve bestedingen van de huishoudens

De huishoudelijke uitgaven van Liechtenstein steeg van US$178,8 miljoen per jaar in de jaren 1970 tot US$3,3 miljard per jaar in de jaren 2010, dat wil zeggen met US$3,2 miljard of 18,6 keer. De verandering vond plaats op US$2,8 miljard als gevolg van een 5,8-voudige stijging van de prijzen, en ook op US$288,3 miljoen als gevolg van een 2,0-voudige toename van het tarief per hoofd , evenals op US$106,7 miljoen als gevolg van de toename van de bevolking. De gemiddelde jaarlijkse groei van de huishoudelijke uitgaven is 2,9%. De minimumwaarde van de huishoudelijke uitgaven bedroeg US$63,3 miljoen in 1970. De maximumwaarde van de huishoudelijke uitgaven bedroeg US$3,5 miljard in 2018.

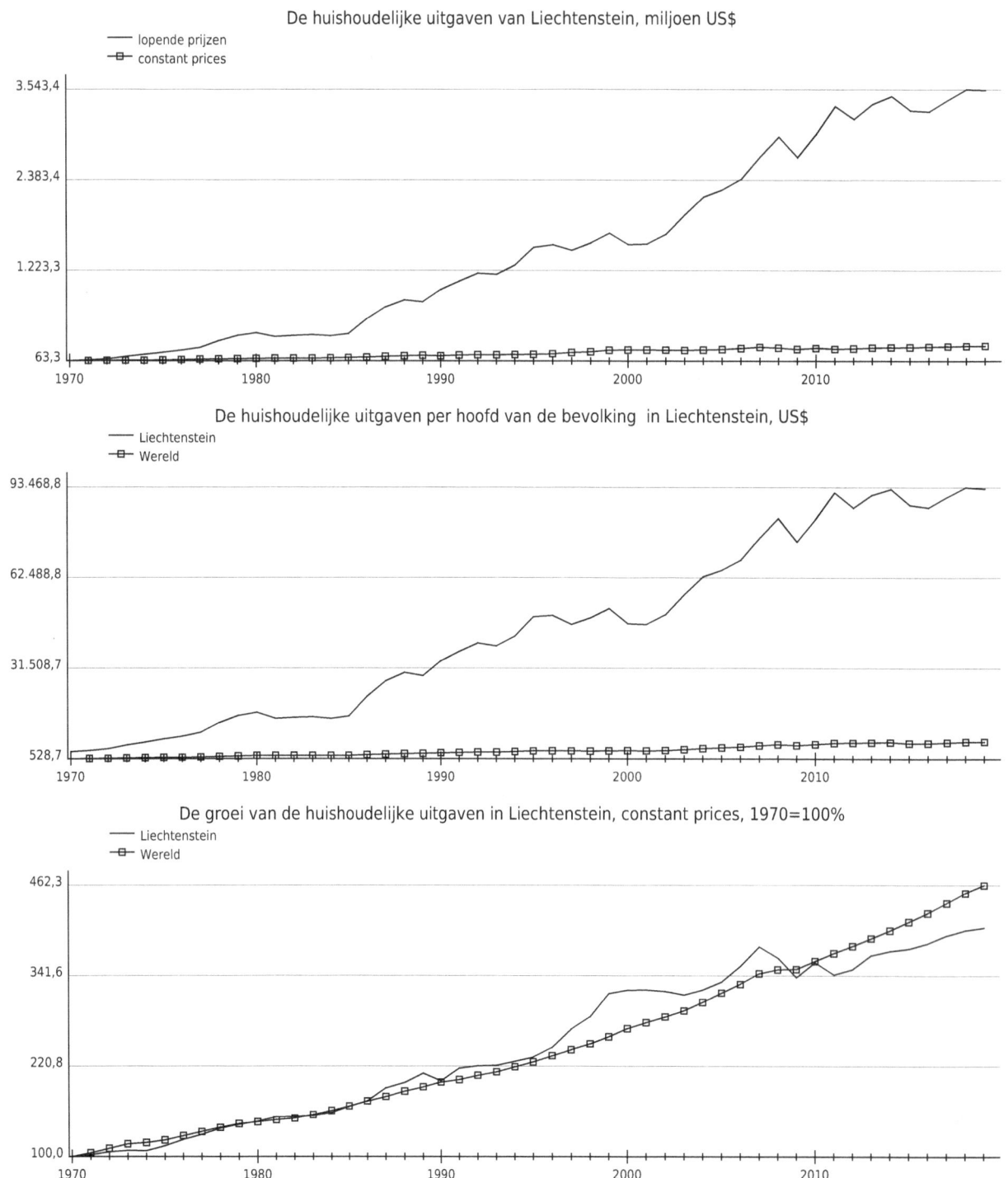

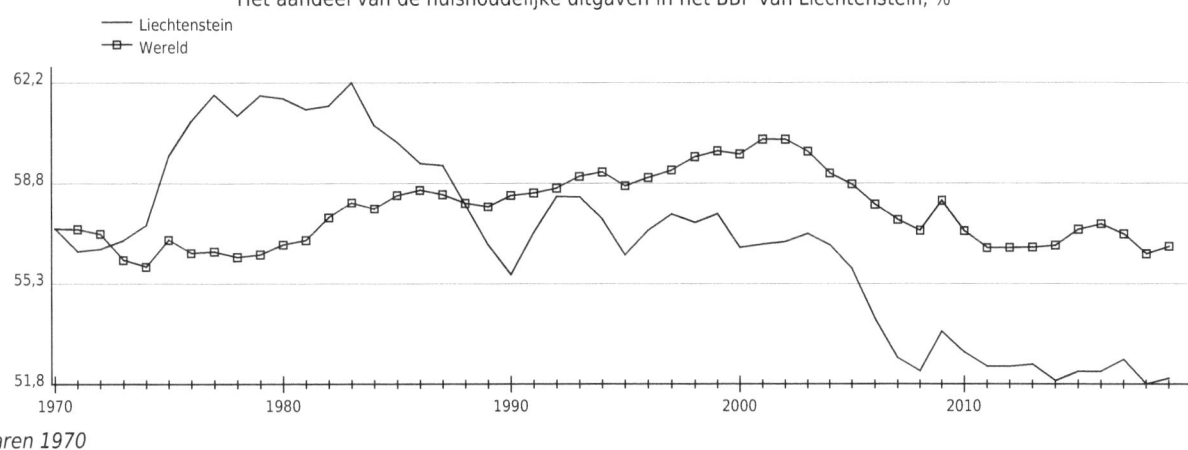

Het aandeel van de huishoudelijke uitgaven in het BBP van Liechtenstein, %

de jaren 1970

De huishoudelijke uitgaven van Liechtenstein bedroeg in de jaren 1970 US$178,8 miljoen per jaar, stond op de 147e plaats in de wereld, en was vergelijkbaar met Groenland (US$178,3 miljoen), Laos (US$177,4 miljoen), Botswana (US$180,6 miljoen). Het aandeel in de wereld was 0,0048%, en 0,012% in Europa.

Het aandeel van de huishoudelijke uitgaven in het BBP van Liechtenstein was 60,0% in de jaren 1970, stond op de 111e plaats in de wereld, en was vergelijkbaar met Noord-Amerika (60,0%), Nieuw-Zeeland (59,9%), Zwitserland (59,8%).

De huishoudelijke uitgaven per hoofd in Liechtenstein was $7.675,6 in de jaren 1970s, stond op de 2e plaats in de wereld. De huishoudelijke uitgaven per hoofd in Liechtenstein was in 8,4 keer hoger dan de huishoudelijke uitgaven per hoofd van de bevolking in de wereld ($914,8), en was in 3,8 keer hoger dan de huishoudelijke uitgaven per hoofd van de bevolking in Europa ($914,8).

De groei van de huishoudelijke uitgaven in Liechtenstein bedroeg 4% in de jaren 1970, stond op de 99e plaats in de wereld, en was vergelijkbaar met Frankrijk (4,0%), El Salvador (4,0%), Nigeria (4,1%). De groei van de huishoudelijke uitgaven in Liechtenstein (4,0%) was minder dan de groei van de huishoudelijke uitgaven in de wereld (4,1%), was groter dan de groei van de huishoudelijke uitgaven in Europa (3,7%).

Vergelijking met buren. De huishoudelijke uitgaven van Liechtenstein was minder dan in Zwitserland (US$36,2 miljard) en in Oostenrijk (US$21,9 miljard). De huishoudelijke uitgaven per hoofd in Liechtenstein was groter dan in Zwitserland (US$5,8 duizend) en in Oostenrijk (US$2,9 duizend). De groei van de huishoudelijke uitgaven in Liechtenstein was groter dan in Zwitserland (1,9%); maar minder dan in Oostenrijk (4,2%).

Vergelijking met leiders. De huishoudelijke uitgaven van Liechtenstein was minder dan in de Verenigde Staten (US$1,0 biljoen), in de Sovjet-Unie (US$310,6 miljard), in Japan (US$280,9 miljard), in Duitsland (US$277,8 miljard) en in Frankrijk (US$180,7 miljard). De huishoudelijke uitgaven per hoofd in Liechtenstein was groter dan in de Verenigde Staten (US$4,7 duizend), in Duitsland (US$3,5 duizend), in Frankrijk (US$3,4 duizend), in Japan (US$2,5 duizend) en in de Sovjet-Unie (US$1.231,6). De groei van de huishoudelijke uitgaven in Liechtenstein was groter dan in Frankrijk (4,0%), in de Verenigde Staten (3,6%) en in Duitsland (3,6%); maar minder dan in Japan (5,1%) en in de Sovjet-Unie (4,7%).

de jaren 1980

De huishoudelijke uitgaven van Liechtenstein bedroeg in de jaren 1980 US$539,3 miljoen per jaar, stond op de 145e plaats in de wereld, en was vergelijkbaar met Laos (US$528,0 miljoen). Het aandeel in de wereld was 0,0062%, en 0,018% in Europa.

Het aandeel van de huishoudelijke uitgaven in het BBP van Liechtenstein was 59,5% in de jaren 1980, stond op de 117e plaats in de wereld, en was vergelijkbaar met Zwitserland (59,7%), Cyprus (59,8%), IJsland (59,9%).

De huishoudelijke uitgaven per hoofd in Liechtenstein was $19.845,6 in de jaren 1980s, stond op de 2e plaats in de wereld. De huishoudelijke uitgaven per hoofd in Liechtenstein was in 11,0 keer hoger dan de huishoudelijke uitgaven per hoofd van de bevolking in de wereld ($1.808,0), en was in 5,0 keer hoger dan de huishoudelijke uitgaven per hoofd van de bevolking in Europa ($1.808,0).

De groei van de huishoudelijke uitgaven in Liechtenstein bedroeg 4% in de jaren 1980, stond op de 50e plaats in de wereld, en was vergelijkbaar met Tuvalu (4,0%), Zuid-Azië (4,0%). De groei van de huishoudelijke uitgaven in Liechtenstein (4,0%) was groter dan de groei van de huishoudelijke uitgaven in de wereld (3,0%), was groter dan de groei van de huishoudelijke uitgaven in Europa (2,3%).

Vergelijking met buren. De huishoudelijke uitgaven van Liechtenstein was minder dan in Zwitserland (US$85,0 miljard) en in Oostenrijk (US$52,6 miljard). De huishoudelijke uitgaven per hoofd in Liechtenstein was groter dan in Zwitserland (US$13,2 duizend) en in Oostenrijk (US$6,9 duizend). De groei van de huishoudelijke uitgaven in Liechtenstein was groter dan in Oostenrijk (2,1%) en in Zwitserland (1,7%).

Vergelijking met leiders. De huishoudelijke uitgaven van Liechtenstein was minder dan in de Verenigde Staten (US$2,6 biljoen), in Japan (US$945,6 miljard), in Duitsland (US$575,7 miljard), in de Sovjet-Unie (US$424,6 miljard) en in het Verenigd Koninkrijk (US$416,5 miljard). De huishoudelijke uitgaven per hoofd in Liechtenstein was groter dan in de Verenigde Staten (US$10,9 duizend), in Japan (US$7,8 duizend), in Duitsland (US$7,4 duizend), in het Verenigd Koninkrijk (US$7,4 duizend) en in de Sovjet-Unie (US$1.542,8). De groei van de huishoudelijke uitgaven in Liechtenstein was groter dan in Japan (3,7%), in het Verenigd Koninkrijk (3,5%), in de Verenigde Staten (3,2%), in de Sovjet-Unie (3,0%) en in Duitsland (1,8%).

de jaren 1990

De huishoudelijke uitgaven van Liechtenstein bedroeg in de jaren 1990 US$1,4 miljard per jaar, stond op de 153e plaats in de wereld, en was vergelijkbaar met Togo (US$1,4 miljard). Het aandeel in de wereld was 0,0080%, en 0,024% in Europa.

Het aandeel van de huishoudelijke uitgaven in het BBP van Liechtenstein was 57,3% in de jaren 1990, stond op de 142e plaats in de wereld, en was vergelijkbaar met Zwitserland (57,3%), Turkmenistan (57,2%), Europa (57,2%).

De huishoudelijke uitgaven per hoofd in Liechtenstein was $44.072,4 in de jaren 1990s, stond op de 2e plaats in de wereld. De huishoudelijke uitgaven per hoofd in Liechtenstein was in 14,9 keer hoger dan de huishoudelijke uitgaven per hoofd van de bevolking in de wereld ($2.963,9), en was in 5,7 keer hoger dan de huishoudelijke uitgaven per hoofd van de bevolking in Europa ($2.963,9).

De groei van de huishoudelijke uitgaven in Liechtenstein bedroeg 4.2% in de jaren 1990, stond op de 59e plaats in de wereld, en was vergelijkbaar met Puerto Rico (4,1%), Bhutan (4,1%), Costa Rica (4,2%). De groei van de huishoudelijke uitgaven in Liechtenstein (4,2%) was groter dan de groei van de huishoudelijke uitgaven in de wereld (3,0%), was groter dan de groei van de huishoudelijke uitgaven in Europa (1,8%).

Vergelijking met buren. De huishoudelijke uitgaven van Liechtenstein was minder dan in Zwitserland (US$168,4 miljard) en in Oostenrijk (US$113,4 miljard). De huishoudelijke uitgaven per hoofd in Liechtenstein was groter dan in Zwitserland (US$24,3 duizend) en in Oostenrijk (US$14,3 duizend). De groei van de huishoudelijke uitgaven in Liechtenstein was groter dan in Oostenrijk (2,2%) en in Zwitserland (1,3%).

Vergelijking met leiders. De huishoudelijke uitgaven van Liechtenstein was minder dan in de Verenigde Staten (US$4,9 biljoen), in Japan (US$2,3 biljoen), in Duitsland (US$1,2 biljoen), in het Verenigd Koninkrijk (US$884,5 miljard) en in Frankrijk (US$783,0 miljard). De huishoudelijke uitgaven per hoofd in Liechtenstein was groter dan in de Verenigde Staten (US$18,5 duizend), in Japan (US$18,2 duizend), in het Verenigd Koninkrijk (US$15,3 duizend), in Duitsland (US$15,2 duizend) en in Frankrijk (US$13,2 duizend). De groei van de huishoudelijke uitgaven in Liechtenstein was groter dan in de Verenigde Staten (3,4%), in het Verenigd Koninkrijk (2,8%), in Duitsland (2,1%), in Japan (1,8%) en in Frankrijk (1,8%).

de jaren 2000

De huishoudelijke uitgaven van Liechtenstein bedroeg in de jaren 2000 US$2,2 miljard per jaar, stond op de 152e plaats in de wereld, en was vergelijkbaar met Montenegro (US$2,2 miljard), Tadzjikistan (US$2,2 miljard). Het aandeel in de wereld was 0,0080%, en 0,025% in Europa.

Het aandeel van de huishoudelijke uitgaven in het BBP van Liechtenstein was 54,8% in de jaren 2000, stond op de 152e plaats in de wereld, en was vergelijkbaar met Zwitserland (54,8%), Oost-Europa (54,6%), Wit-Rusland (54,5%).

De huishoudelijke uitgaven per hoofd in Liechtenstein was $63.258,8 in de jaren 2000s, stond op de 2e plaats in de wereld. De huishoudelijke uitgaven per hoofd in Liechtenstein was in 15,0 keer hoger dan de huishoudelijke uitgaven per hoofd van de bevolking in de wereld ($4.208,2), en was in 5,3 keer hoger dan de huishoudelijke uitgaven per hoofd van de bevolking in Europa ($4.208,2).

De groei van de huishoudelijke uitgaven in Liechtenstein bedroeg 0.7% in de jaren 2000, stond op de 192e plaats in de wereld. De groei van de huishoudelijke uitgaven in Liechtenstein (0,66%) was minder dan de groei van de huishoudelijke uitgaven in de wereld (3,0%), was minder dan de groei van de huishoudelijke uitgaven in Europa (2,0%).

Vergelijking met buren. De huishoudelijke uitgaven van Liechtenstein was minder dan in Zwitserland (US$226,6 miljard) en in

Oostenrijk (US$161,9 miljard). De huishoudelijke uitgaven per hoofd in Liechtenstein was groter dan in Zwitserland (US$30,7 duizend) en in Oostenrijk (US$19,7 duizend). De groei van de huishoudelijke uitgaven in Liechtenstein was minder dan in Oostenrijk (1,6%) en in Zwitserland (1,5%).

Vergelijking met leiders. De huishoudelijke uitgaven van Liechtenstein was minder dan in de Verenigde Staten (US$8,5 biljoen), in Japan (US$2,6 biljoen), in Duitsland (US$1,5 biljoen), in het Verenigd Koninkrijk (US$1,5 biljoen) en in Frankrijk (US$1,1 biljoen). De huishoudelijke uitgaven per hoofd in Liechtenstein was groter dan in de Verenigde Staten (US$28,8 duizend), in het Verenigd Koninkrijk (US$25,0 duizend), in Japan (US$20,4 duizend), in Duitsland (US$18,9 duizend) en in Frankrijk (US$18,1 duizend). De groei van de huishoudelijke uitgaven in Liechtenstein was groter dan in Duitsland (0,46%); maar minder dan in de Verenigde Staten (2,4%), in het Verenigd Koninkrijk (2,1%), in Frankrijk (2,0%) en in Japan (0,81%).

de jaren 2010

De huishoudelijke uitgaven van Liechtenstein bedroeg in de jaren 2010 US$3,3 miljard per jaar, stond op de 160e plaats in de wereld, en was vergelijkbaar met Guyana (US$3,3 miljard), Bermuda (US$3,3 miljard). Het aandeel in de wereld was 0,0075%, en 0,029% in Europa.

Het aandeel van de huishoudelijke uitgaven in het BBP van Liechtenstein was 52,3% in de jaren 2010, stond op de 163e plaats in de wereld, en was vergelijkbaar met Zwitserland (52,3%), Centraal-Afrika (52,3%), Panama (52,5%).

De huishoudelijke uitgaven per hoofd in Liechtenstein was $89.537,3 in de jaren 2010s, stond op de 2e plaats in de wereld. De huishoudelijke uitgaven per hoofd in Liechtenstein was in 14,9 keer hoger dan de huishoudelijke uitgaven per hoofd van de bevolking in de wereld ($6.018,5), en was in 5,7 keer hoger dan de huishoudelijke uitgaven per hoofd van de bevolking in Europa ($6.018,5).

De groei van de huishoudelijke uitgaven in Liechtenstein bedroeg 1.8% in de jaren 2010, stond op de 148e plaats in de wereld. De groei van de huishoudelijke uitgaven in Liechtenstein (1,8%) was minder dan de groei van de huishoudelijke uitgaven in de wereld (2,8%), was groter dan de groei van de huishoudelijke uitgaven in Europa (1,3%).

Vergelijking met buren. De huishoudelijke uitgaven van Liechtenstein was 110,5 keer minder dan in Zwitserland (US$367,9 miljard) en 66,6 keer minder dan in Oostenrijk (US$221,9 miljard). De huishoudelijke uitgaven per hoofd in Liechtenstein was 2,0 keer groter dan in Zwitserland (US$44,7 duizend) en 3,5 keer groter dan in Oostenrijk (US$25,6 duizend). De groei van de huishoudelijke uitgaven in Liechtenstein was groter dan in Zwitserland (1,6%) en in Oostenrijk (0,90%).

Vergelijking met leiders. De huishoudelijke uitgaven van Liechtenstein was 3.661,2 keer minder dan in de Verenigde Staten (US$12,2 biljoen), 1.180,0 keer minder dan in China (US$3,9 biljoen), 897,1 keer minder dan in Japan (US$3,0 biljoen), 588,1 keer minder dan in Duitsland (US$2,0 biljoen) en 535,1 keer minder dan in het Verenigd Koninkrijk (US$1,8 biljoen). De huishoudelijke uitgaven per hoofd in Liechtenstein was 2,3 keer groter dan in de Verenigde Staten (US$38,2 duizend), 3,3 keer groter dan in het Verenigd Koninkrijk (US$27,2 duizend), 3,7 keer groter dan in Duitsland (US$23,9 duizend), 3,8 keer groter dan in Japan (US$23,4 duizend) en 32,0 keer groter dan in China (US$2,8 duizend). De groei van de huishoudelijke uitgaven in Liechtenstein was groter dan in het Verenigd Koninkrijk (1,8%), in Duitsland (1,4%) en in Japan (0,64%); maar minder dan in China (8,3%) en in de Verenigde Staten (2,4%).

Part V. Reproductie

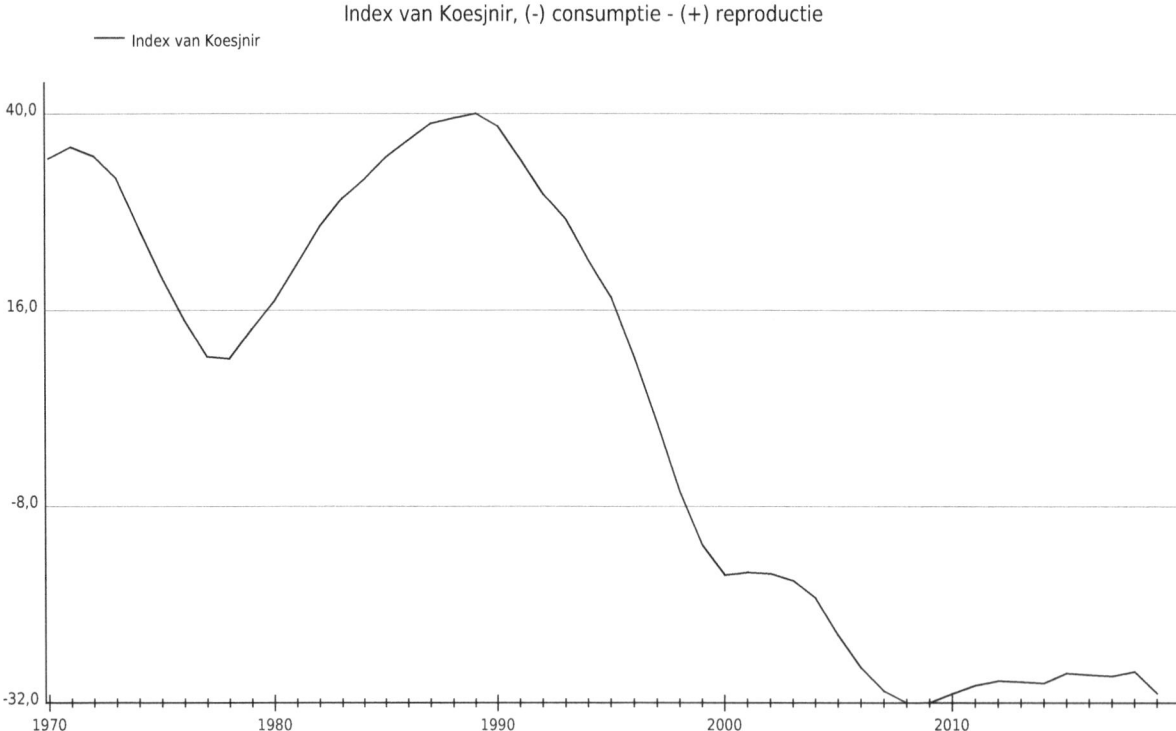

Index van Koesjnir, (-) consumptie - (+) reproductie

Hoofdstuk XIV. Bruto-investeringen in vaste activa

De bruto-investeringen in vaste activa van Liechtenstein steeg van US$85,6 miljoen per jaar in de jaren 1970 tot US$1,6 miljard per jaar in de jaren 2010, dat wil zeggen met US$1,5 miljard of 18,8 keer. De verandering vond plaats op US$1,3 miljard als gevolg van een 4,8-voudige stijging van de prijzen, en ook op US$195,8 miljoen als gevolg van een 2,4-voudige toename van het tarief per hoofd , evenals op US$51,1 miljoen als gevolg van de toename van de bevolking. De gemiddelde jaarlijkse groei van de investeringen in vaste activa is 3,2%. De minimumwaarde van de investeringen in vaste activa bedroeg US$37,0 miljoen in 1970. De maximumwaarde van de investeringen in vaste activa bedroeg US$1,7 miljard in 2018.

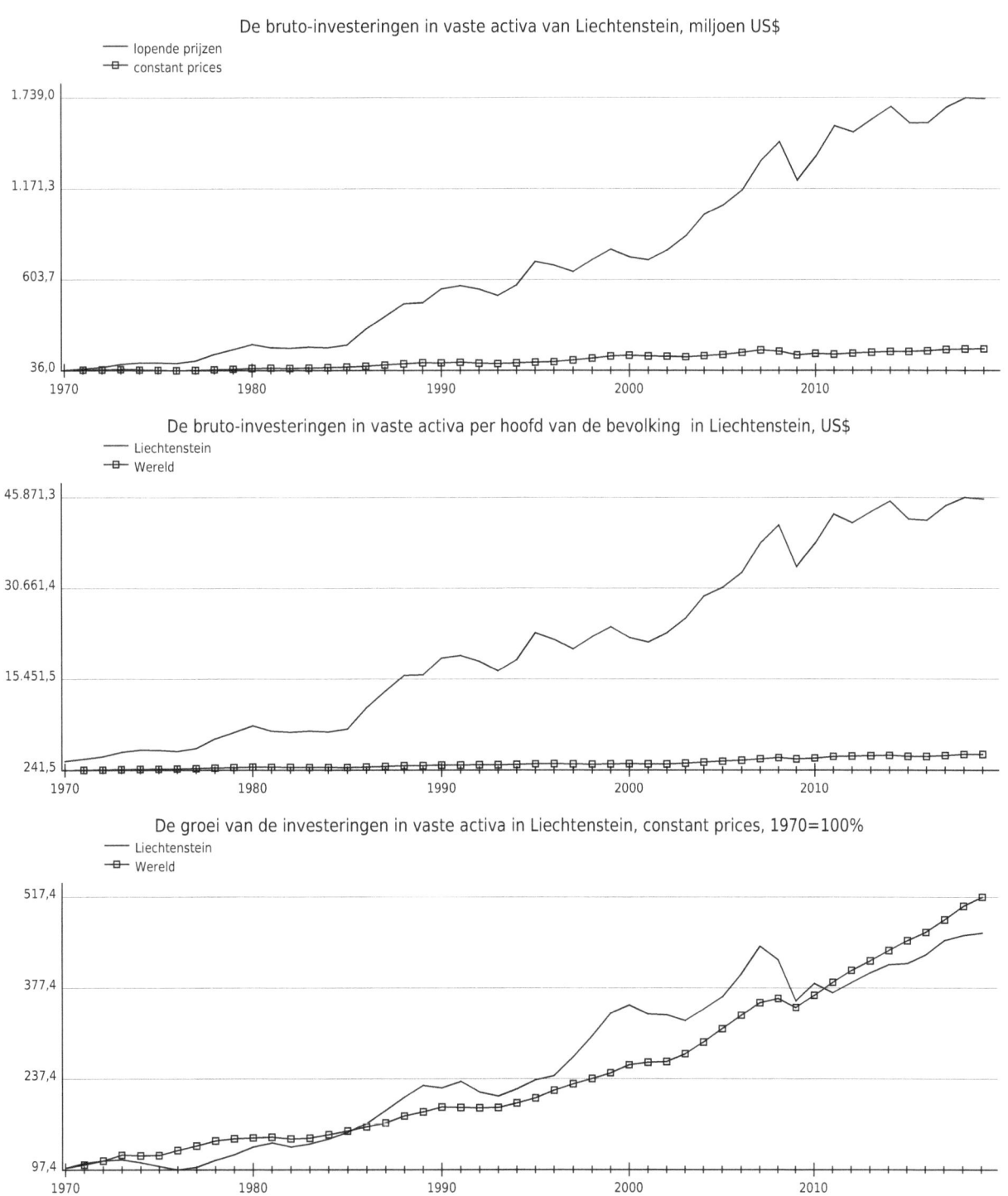

De bruto-investeringen in vaste activa van Liechtenstein, miljoen US$

De bruto-investeringen in vaste activa per hoofd van de bevolking in Liechtenstein, US$

De groei van de investeringen in vaste activa in Liechtenstein, constant prices, 1970=100%

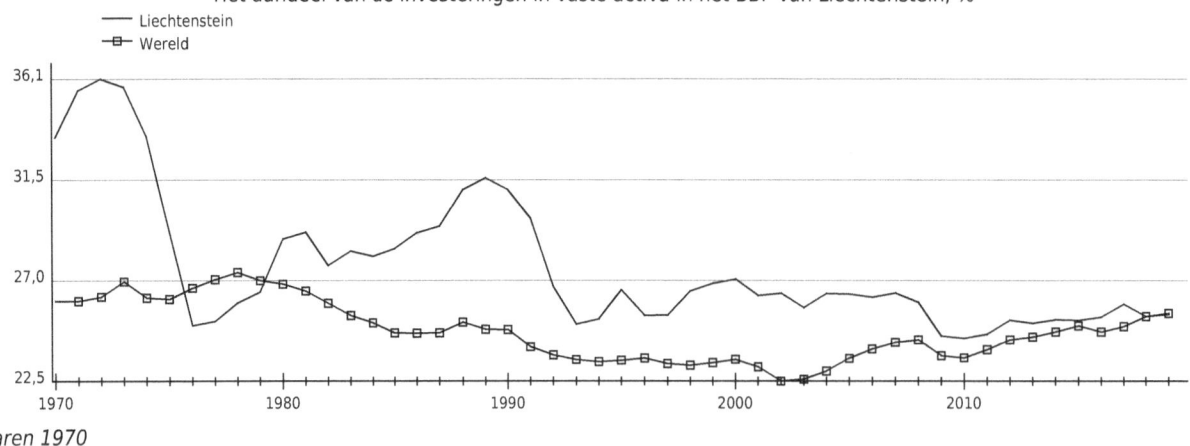

Het aandeel van de investeringen in vaste activa in het BBP van Liechtenstein, %

de jaren 1970

De investeringen in vaste activa van Liechtenstein bedroeg in de jaren 1970 US$85,6 miljoen per jaar, stond op de 138e plaats in de wereld, en was vergelijkbaar met Macau (US$87,6 miljoen). Het aandeel in de wereld was 0,0049%, en 0,012% in Europa.

Het aandeel van de investeringen in vaste activa in het BBP van Liechtenstein was 28,7% in de jaren 1970, stond op de 41e plaats in de wereld, en was vergelijkbaar met Finland (28,7%), Azië (28,8%), Nieuw-Caledonië (28,6%).

De investeringen in vaste activa per hoofd in Liechtenstein was $3.674,1 in de jaren 1970s, stond op de 3e plaats in de wereld. De bruto-investeringen in vaste activa per hoofd in Liechtenstein was in 8,5 keer hoger dan de investeringen in vaste activa per hoofd van de bevolking in de wereld ($433,5), en was in 3,6 keer hoger dan de investeringen in vaste activa per hoofd van de bevolking in Europa ($433,5).

De groei van de investeringen in vaste activa in Liechtenstein bedroeg 2.1% in de jaren 1970, stond op de 147e plaats in de wereld. De groei van de investeringen in vaste activa in Liechtenstein (2,1%) was minder dan de groei van de investeringen in vaste activa in de wereld (4,2%), was minder dan de groei van de investeringen in vaste activa in Europa (2,4%).

Vergelijking met buren. De bruto-investeringen in vaste activa van Liechtenstein was minder dan in Zwitserland (US$17,6 miljard) en in Oostenrijk (US$11,0 miljard). De investeringen in vaste activa per hoofd in Liechtenstein was groter dan in Zwitserland (US$2,8 duizend) en in Oostenrijk (US$1.441,3). De groei van de investeringen in vaste activa in Liechtenstein was groter dan in Zwitserland (-0,047%); maar minder dan in Oostenrijk (3,9%).

Vergelijking met leiders. De bruto-investeringen in vaste activa van Liechtenstein was minder dan in de Verenigde Staten (US$381,9 miljard), in de Sovjet-Unie (US$214,6 miljard), in Japan (US$191,6 miljard), in Duitsland (US$125,8 miljard) en in Frankrijk (US$82,9 miljard). De bruto-investeringen in vaste activa per hoofd in Liechtenstein was groter dan in de Verenigde Staten (US$1.750,0), in Japan (US$1.720,7), in Duitsland (US$1.597,2), in Frankrijk (US$1.545,4) en in de Sovjet-Unie (US$850,9). De groei van de investeringen in vaste activa in Liechtenstein was groter dan in Duitsland (1,5%); maar minder dan in de Verenigde Staten (4,4%), in Japan (3,9%), in de Sovjet-Unie (3,2%) en in Frankrijk (2,7%).

de jaren 1980

De bruto-investeringen in vaste activa van Liechtenstein bedroeg in de jaren 1980 US$268,2 miljoen per jaar, stond op de 128e plaats in de wereld, en was vergelijkbaar met Bermuda (US$273,9 miljoen). Het aandeel in de wereld was 0,0070%, en 0,020% in Europa.

Het aandeel van de investeringen in vaste activa in het BBP van Liechtenstein was 29,6% in de jaren 1980, stond op de 35e plaats in de wereld, en was vergelijkbaar met Oost-Europa (29,6%), China (29,7%), de Verenigde Arabische Emiraten (29,5%).

De bruto-investeringen in vaste activa per hoofd in Liechtenstein was $9.871,5 in de jaren 1980s, stond op de 2e plaats in de wereld. De bruto-investeringen in vaste activa per hoofd in Liechtenstein was in 12,5 keer hoger dan de investeringen in vaste activa per hoofd van de bevolking in de wereld ($790,9), en was in 5,6 keer hoger dan de investeringen in vaste activa per hoofd van de bevolking in Europa ($790,9).

De groei van de investeringen in vaste activa in Liechtenstein bedroeg 6.6% in de jaren 1980, stond op de 29e plaats in de wereld, en was vergelijkbaar met Turkije (6,6%). De groei van de investeringen in vaste activa in Liechtenstein (6,6%) was groter dan de groei van de investeringen in vaste activa in de wereld (2,5%), was groter dan de groei van de investeringen in vaste activa in Europa

(2,2%).

Vergelijking met buren. De investeringen in vaste activa van Liechtenstein was minder dan in Zwitserland (US$41,9 miljard) en in Oostenrijk (US$23,0 miljard). De investeringen in vaste activa per hoofd in Liechtenstein was groter dan in Zwitserland (US$6,5 duizend) en in Oostenrijk (US$3,0 duizend). De groei van de investeringen in vaste activa in Liechtenstein was groter dan in Zwitserland (4,2%) en in Oostenrijk (1,7%).

Vergelijking met leiders. De bruto-investeringen in vaste activa van Liechtenstein was minder dan in de Verenigde Staten (US$958,4 miljard), in Japan (US$571,7 miljard), in de Sovjet-Unie (US$271,0 miljard), in Duitsland (US$238,1 miljard) en in Frankrijk (US$164,3 miljard). De bruto-investeringen in vaste activa per hoofd in Liechtenstein was groter dan in Japan (US$4,7 duizend), in de Verenigde Staten (US$4,0 duizend), in Duitsland (US$3,1 duizend), in Frankrijk (US$2,9 duizend) en in de Sovjet-Unie (US$984,8). De groei van de investeringen in vaste activa in Liechtenstein was groter dan in Japan (4,8%), in de Verenigde Staten (3,1%), in Frankrijk (2,4%), in de Sovjet-Unie (1,7%) en in Duitsland (1,4%).

de jaren 1990

De investeringen in vaste activa van Liechtenstein bedroeg in de jaren 1990 US$631,2 miljoen per jaar, stond op de 132e plaats in de wereld, en was vergelijkbaar met Burkina Faso (US$627,0 miljoen), Mauritanië (US$626,0 miljoen). Het aandeel in de wereld was 0,0094%, en 0,029% in Europa.

Het aandeel van de investeringen in vaste activa in het BBP van Liechtenstein was 26,7% in de jaren 1990, stond op de 43e plaats in de wereld, en was vergelijkbaar met Paraguay (26,7%), Zwitserland (26,8%), Ghana (26,9%).

De bruto-investeringen in vaste activa per hoofd in Liechtenstein was $20.558,0 in de jaren 1990s, stond op de 1e plaats in de wereld. De bruto-investeringen in vaste activa per hoofd in Liechtenstein was in 17,4 keer hoger dan de investeringen in vaste activa per hoofd van de bevolking in de wereld ($1.183,8), en was in 7,0 keer hoger dan de investeringen in vaste activa per hoofd van de bevolking in Europa ($1.183,8).

De groei van de investeringen in vaste activa in Liechtenstein bedroeg 4.1% in de jaren 1990, stond op de 90e plaats in de wereld, en was vergelijkbaar met Oost-Azië (4,1%), Marokko (4,1%). De groei van de investeringen in vaste activa in Liechtenstein (4,1%) was groter dan de groei van de investeringen in vaste activa in de wereld (2,8%), was groter dan de groei van de investeringen in vaste activa in Europa (0,024%).

Vergelijking met buren. De investeringen in vaste activa van Liechtenstein was minder dan in Zwitserland (US$78,9 miljard) en in Oostenrijk (US$53,1 miljard). De investeringen in vaste activa per hoofd in Liechtenstein was groter dan in Zwitserland (US$11,4 duizend) en in Oostenrijk (US$6,7 duizend). De groei van de investeringen in vaste activa in Liechtenstein was groter dan in Oostenrijk (2,7%) en in Zwitserland (1,2%).

Vergelijking met leiders. De investeringen in vaste activa van Liechtenstein was minder dan in de Verenigde Staten (US$1,6 biljoen), in Japan (US$1,3 biljoen), in Duitsland (US$520,7 miljard), in Frankrijk (US$299,3 miljard) en in het Verenigd Koninkrijk (US$250,0 miljard). De bruto-investeringen in vaste activa per hoofd in Liechtenstein was groter dan in Japan (US$10,4 duizend), in Duitsland (US$6,5 duizend), in de Verenigde Staten (US$6,1 duizend), in Frankrijk (US$5,0 duizend) en in het Verenigd Koninkrijk (US$4,3 duizend). De groei van de investeringen in vaste activa in Liechtenstein was groter dan in Duitsland (2,4%), in het Verenigd Koninkrijk (1,7%), in Frankrijk (1,5%) en in Japan (0,18%); maar minder dan in de Verenigde Staten (4,8%).

de jaren 2000

De investeringen in vaste activa van Liechtenstein bedroeg in de jaren 2000 US$1,0 miljard per jaar, stond op de 142e plaats in de wereld, en was vergelijkbaar met Afghanistan (US$1,1 miljard). Het aandeel in de wereld was 0,0095%, en 0,031% in Europa.

Het aandeel van de investeringen in vaste activa in het BBP van Liechtenstein was 26,1% in de jaren 2000, stond op de 66e plaats in de wereld, en was vergelijkbaar met Bulgarije (26,1%), Saint Lucia (26,2%), Oeganda (26,2%).

De bruto-investeringen in vaste activa per hoofd in Liechtenstein was $30.144,9 in de jaren 2000s, stond op de 1e plaats in de wereld. De investeringen in vaste activa per hoofd in Liechtenstein was in 17,8 keer hoger dan de investeringen in vaste activa per hoofd van de bevolking in de wereld ($1.690,7), en was in 6,6 keer hoger dan de investeringen in vaste activa per hoofd van de bevolking in Europa ($1.690,7).

De groei van de investeringen in vaste activa in Liechtenstein bedroeg 0.5% in de jaren 2000, stond op de 178e plaats in de wereld. De groei van de investeringen in vaste activa in Liechtenstein (0,55%) was minder dan de groei van de investeringen in vaste activa in de wereld (3,5%), was minder dan de groei van de investeringen in vaste activa in Europa (1,6%).

Vergelijking met buren. De investeringen in vaste activa van Liechtenstein was minder dan in Zwitserland (US$109,7 miljard) en in Oostenrijk (US$71,8 miljard). De bruto-investeringen in vaste activa per hoofd in Liechtenstein was groter dan in Zwitserland (US$14,9 duizend) en in Oostenrijk (US$8,7 duizend). De groei van de investeringen in vaste activa in Liechtenstein was minder dan in Zwitserland (1,4%) en in Oostenrijk (0,65%).

Vergelijking met leiders. De investeringen in vaste activa van Liechtenstein was minder dan in de Verenigde Staten (US$2,8 biljoen), in Japan (US$1,2 biljoen), in China (US$1,0 biljoen), in Duitsland (US$557,7 miljard) en in Frankrijk (US$463,9 miljard). De investeringen in vaste activa per hoofd in Liechtenstein was groter dan in de Verenigde Staten (US$9,4 duizend), in Japan (US$9,0 duizend), in Frankrijk (US$7,4 duizend), in Duitsland (US$6,9 duizend) en in China (US$782,2). De groei van de investeringen in vaste activa in Liechtenstein was groter dan in de Verenigde Staten (0,43%), in Duitsland (-0,56%) en in Japan (-2,0%); maar minder dan in China (13,4%) en in Frankrijk (1,6%).

de jaren 2010

De investeringen in vaste activa van Liechtenstein bedroeg in de jaren 2010 US$1,6 miljard per jaar, stond op de 153e plaats in de wereld. Het aandeel in de wereld was 0,0084%, en 0,037% in Europa.

Het aandeel van de investeringen in vaste activa in het BBP van Liechtenstein was 25,2% in de jaren 2010, stond op de 69e plaats in de wereld, en was vergelijkbaar met Zwitserland (25,3%), Oman (25,2%), Albanië (25,3%).

De bruto-investeringen in vaste activa per hoofd in Liechtenstein was $43.213,9 in de jaren 2010s, stond op de 1e plaats in de wereld. De investeringen in vaste activa per hoofd in Liechtenstein was in 16,5 keer hoger dan de investeringen in vaste activa per hoofd van de bevolking in de wereld ($2.621,1), en was in 7,5 keer hoger dan de investeringen in vaste activa per hoofd van de bevolking in Europa ($2.621,1).

De groei van de investeringen in vaste activa in Liechtenstein bedroeg 2.6% in de jaren 2010, stond op de 114e plaats in de wereld, en was vergelijkbaar met Somalië (2,6%). De groei van de investeringen in vaste activa in Liechtenstein (2,6%) was minder dan de groei van de investeringen in vaste activa in de wereld (4,1%), was groter dan de groei van de investeringen in vaste activa in Europa (2,2%).

Vergelijking met buren. De investeringen in vaste activa van Liechtenstein was 110,6 keer minder dan in Zwitserland (US$177,7 miljard) en 61,6 keer minder dan in Oostenrijk (US$99,0 miljard). De investeringen in vaste activa per hoofd in Liechtenstein was 2,0 keer groter dan in Zwitserland (US$21,6 duizend) en 3,8 keer groter dan in Oostenrijk (US$11,4 duizend). De groei van de investeringen in vaste activa in Liechtenstein was groter dan in Oostenrijk (2,4%) en in Zwitserland (2,4%).

Vergelijking met leiders. De bruto-investeringen in vaste activa van Liechtenstein was 2.814,0 keer minder dan in China (US$4,5 biljoen), 2.239,3 keer minder dan in de Verenigde Staten (US$3,6 biljoen), 753,0 keer minder dan in Japan (US$1,2 biljoen), 468,2 keer minder dan in Duitsland (US$752,5 miljard) en 433,5 keer minder dan in India (US$696,8 miljard). De investeringen in vaste activa per hoofd in Liechtenstein was 3,8 keer groter dan in de Verenigde Staten (US$11,3 duizend), 4,6 keer groter dan in Japan (US$9,5 duizend), 4,7 keer groter dan in Duitsland (US$9,2 duizend), 13,4 keer groter dan in China (US$3,2 duizend) en 80,7 keer groter dan in India (US$535,2). De groei van de investeringen in vaste activa in Liechtenstein was groter dan in Japan (1,8%); maar minder dan in China (8,0%), in India (5,8%), in de Verenigde Staten (3,8%) en in Duitsland (2,8%).

www.ingramcontent.com/pod-product-compliance
Lightning Source LLC
Chambersburg PA
CBHW080900220526
45467CB00008B/2571